U0618253

中国企业社会责任报告指南4.0
之 医药流通行业

中国社会科学院
华润医药商业集团有限公司
责任云研究院

钟宏武 李向明/顾问
李松涛 曾晨雨 贾 晶 彭雯雯 等/著

社会责任报告
全生命周期管理指南

经济管理出版社
ECONOMY & MANAGEMENT PUBLISHING HOUSE

图书在版编目（CIP）数据

中国企业社会责任报告指南 4.0 之医药流通行业/钟宏武等著. —北京：经济管理出版社，2019.12

ISBN 978-7-5096-6982-2

Ⅰ.①中… Ⅱ.①钟… Ⅲ.①制药工业—工业企业—企业责任—社会责任—研究报告—中国 Ⅳ.①F426.7

中国版本图书馆 CIP 数据核字（2019）第 287767 号

组稿编辑：陈 力
责任编辑：杨国强 张瑞军
责任印制：黄章平
责任校对：陈晓霞

出版发行：经济管理出版社
　　　　　（北京市海淀区北蜂窝 8 号中雅大厦 A 座 11 层 100038）
网　　址：www. E-mp. com. cn
电　　话：(010) 51915602
印　　刷：三河市延风印装有限公司
经　　销：新华书店
开　　本：720mm×1000mm/16
印　　张：13.25
字　　数：223 千字
版　　次：2019 年 12 月第 1 版 2019 年 12 月第 1 次印刷
书　　号：ISBN 978-7-5096-6982-2
定　　价：68.00 元

《中国企业社会责任报告指南 4.0 之医药流通行业》专家组成员

顾 问：

钟宏武（中国社会科学院教授，责任云研究院名誉院长）

李向明（华润医药商业集团有限公司董事长）

组 长：

王 萍（华润医药商业集团有限公司助理总经理）

王娅郦（中星责任云（北京）管理顾问有限公司事业部主任）

成 员：（按姓氏拼音排序）

陈广宇（华润医药商业集团有限公司医疗器械有限公司总经理）

戴 超（华润医药商业集团有限公司北京德信行医药科技分公司助理总经理）

董建强（华润医药商业集团有限公司国际业务中心副总经理）

郭洁颖（润医药商业集团有限公司审计部总经理）

管子琦（华润医药商业集团有限公司办公室总经理）

韩婷婷（华润医药商业集团有限公司人力资源部总经理）

贾 晶（中星责任云（北京）管理顾问有限公司资深顾问）

李 剑（华润医药商业集团有限公司法律合规部总经理）

梁剑锋（华润医药商业集团有限公司物流中心总经理）

刘 宁（华润医药商业集团有限公司战略发展部总经理）

刘 群（华润医药商业集团有限公司新渠道事业部总经理）

李松涛（华润医药商业集团有限公司办公室副总经理）

马 雷（华润医药商业集团有限公司智能与信息化部副总经理）

彭雯雯（中星责任云（北京）管理顾问有限公司咨询顾问）

石永刚（华润医药商业集团有限公司党群工作部总经理）

汪 杰（中国企业社会责任报告指南 4.0 专家委员会秘书长）

王 漠（华润医药商业集团有限公司营销中心总经理）

邢宇澄（华润医药商业集团有限公司财务管理部总经理）

于 宏（华润医药商业集团有限公司助理总经理、环境健康安全与质量管理部总经理）

曾晨雨（华润医药商业集团有限公司办公室企业文化与宣传专员）

赵宏光（华润医药商业集团有限公司纪检监察部副总经理）

开启报告价值管理新纪元

本土标准是引领中国企业社会责任报告发展的重要工具。2009 年，《中国企业社会责任报告编写指南（CASS-CSR 1.0）》（以下简称《指南 1.0》）发布，此后2 次升级到 3.0 版本（以下简称《指南 2.0》《指南 3.0》）。2016 年，400 余家中外大型企业参考了《指南 3.0》，《指南 3.0》成为全球报告倡议组织（GRI）官方认可的全球唯一国别报告标准，有力提升了中国在国际社会责任运动中的话语权。在"共建共享"的理念指导下，经过 2 次升级，报告编写指南不断与时俱进，完成了从"基本可用"到"基本好用"的转变。

过去 3 年，企业社会责任报告实践发生了深刻变化。一方面，编写社会责任报告的企业数量仍在稳步增长，总量接近 2000 家，但增长幅度较之前有了明显下降；另一方面，从技术上讲，我国社会责任报告的质量越来越高，在报告框架结构、主题内容、语言风格、表现形式等各方面取得长足进步。与此同时，一些企业却打破每年发布社会责任报告的"惯例"，终止发布报告或延长报告发布周期，甚至出现"报告无用论"。报告价值何在，成为亟待解答的问题。

为适应新形势、新要求，进一步提升指南适用性和解释力，推动我国企业社会责任报告在更大程度、更广维度发挥价值，2016 年 9 月，中国社科院企业社会责任研究中心启动《中国企业社会责任报告指南（CASS-CSR 4.0）》（以下简称《指南 4.0》）修编工作。在充分研究和讨论基础上，对《指南 3.0》进行较大程度创新。总体而言，《指南 4.0》具有以下特点：

第一，定位由"报告编写指南"到"报告综合指南"。《指南 1.0》《指南 2.0》解决了报告内容管理问题，《指南 3.0》解决了报告流程管理问题，《指南 4.0》解决了报告价值管理问题。"三位一体"的管理体系，使得《指南 4.0》对社会责任报告的指引超出了报告编制范围，成为一本全方位综合指南。

第二，首倡社会责任报告价值管理。社会责任报告究竟有什么价值、这些价值是如何发生的、应该通过什么手段更好地发挥报告价值仍然困扰着中国企业。《指南 4.0》明确加强报告价值管理，使报告真正起到对内强化管理、对外提升品牌影响力的作用。

第三，构建"1+M+N"指南家族。在《指南 4.0》修编过程中，将继续采取"逐行业编制、逐行业发布"模式。同时，在当前部分社会责任议题重要性凸显和越来越多企业发布社会责任议题报告的背景下，在《指南 4.0》修编过程中，还将采取"逐议题编制、逐议题发布"模式，从而构建 1（基础框架）+N（分行业指南）+M（分议题指南）指南系列，进一步提升指南的系统性和适用性。

第四，内容更科学适用。《指南 4.0》对理论框架进行了重新梳理，对每个维度下的具体指标进行了增、删、合并调整，着重吸纳了社会责任最新政策和最新标准，提升了指标展开的逻辑性和内容的准确性。同时，《指南 4.0》进一步优化了报告流程，并根据全书体系需要对流程进行了增删调整，对每一个流程下的方法论进行了更细化地描述，可操作性进一步增强。

把握大势，应运而生。《指南 4.0》在继承了《指南 1.0》至《指南 3.0》的优秀成果，吸纳了最新社会责任政策、标准、倡议和广大社会责任同仁的思想智慧后，正式推出。我们相信，更加与时俱进的《指南 4.0》必将在内容上、流程上给社会责任报告带来全新提升。更重要的是帮助企业更好地发挥报告价值，开启报告价值管理新时代，让社会责任报告焕发新的生命力！

钟宏武

目　录

第一章 《中国企业社会责任报告指南（CASS-CSR 4.0）》简介

一、理论基础

《中国企业社会责任报告指南（CASS-CSR 4.0）》（以下简称《指南4.0》）创造性地提出企业社会责任"方圆模型"（见图1-1），对过往的"四位一体"企业社会责任模型（见图1-2）进行了较大幅度改造。没有规矩，不成方圆，模型名称寓意塑造企业社会责任的基本范式。模型外圆内方，内部是责任管理及其构成要素；外部是责任实践及其构成要素。

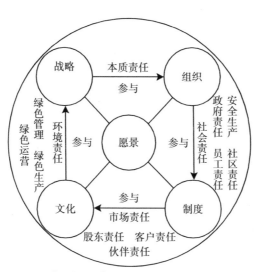

图 1-1 《指南 4.0》——企业社会责任方圆模型

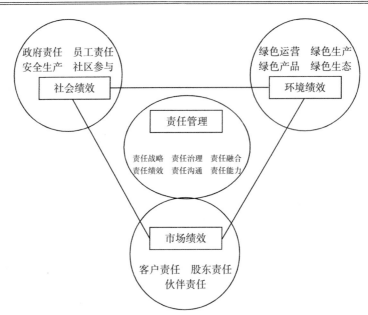

图 1-2 "四位一体"传统企业社会责任理论模型

该模型一如既往地突出了责任管理的重要作用，认为责任管理是企业履行社会责任的重要保障，是企业社会责任的重要内容。责任管理包括愿景、战略、组织、制度、文化和参与。其中，愿景是原点和初心，也是目标和归属；战略、组织、制度和文化是实现愿景的四大管理支柱；参与贯穿于社会责任管理的全流程。

该模型对"四位一体"模型中的责任实践部分进行了丰富，纳入了"本质责任"。"四位一体"模型及其背后的"三重底线"理论，只规定了社会责任实践的基本领域，却没强调社会责任实践的重点方向。本质责任不是新的责任领域，而是具体到特定企业，在国家战略、社会需求、行业定位、企业禀赋等综合因素决定下，原有的归属到市场、社会或环境领域的某些责任议题对国家、社会和企业可持续发展的战略意义凸显。本质责任因企业所处的行业不同而各不相同，因此，在一般框架中将不纳入本质责任的指标。在分行业社会责任指南修订的过程中，将详细研发该行业的本质责任指标。

"方圆模型"以责任愿景为原点，明确企业社会责任工作目标；以责任管理为重点，夯实企业社会责任工作基础；以本质责任为牵引，以市场责任为依托，以社会责任和环境责任为两翼，构成了企业社会责任的行动逻辑和完整生态。

二、新版特点

（一）范围更全面

按照工作推进逻辑，围绕企业社会责任报告有四个核心问题：第一，为什么需要编制社会责任报告（价值）；第二，报告该披露哪些内容（指标）；第三，如何高效开展报告编制工作（流程）；第四，报告是否达到预期，值得编制（价值)。《指南1.0》和《指南2.0》解决了第二个问题，即明确在编写社会责任报告过程中应考虑哪些内容和指标。《指南3.0》解决了第三个问题，即明确社会责任报告编写的全过程包含哪些主要环节，在不同的环节应该如何开展工作。《指南4.0》则明确了社会责任报告包含哪些价值，企业如何更好地发挥报告价值。因此，《指南4.0》已经由编写指南升华为报告内容、流程、价值综合指南。

（二）亮点更突出

中国企业编制社会责任报告的历史可追溯到10多年之前。时至今日，企业对于社会责任报告应该披露哪些内容，社会责任报告应该按照什么流程编制已经有了较为清楚的认识。但是，社会责任领域一直探索的社会责任报告的价值问题，却仍然困扰着绝大多数中国企业。社会责任报告究竟有什么价值、这些价值是如何发生的、应该通过什么手段更好地发挥报告的价值是现阶段社会责任报告发展过程中亟待解决的问题。价值是社会责任报告编制的出发点和落脚点。《指南4.0》明确加强社会责任报告价值管理，通过系统分析，利用专业手段，使报告真正起到"对内，强化管理；对外，提升品牌"的作用，赋予报告"生命力"。

（三）领域更系统

鉴于不同行业社会责任内涵和外延的显著差异，为提升分行业指南的科学性和适用性，在《指南4.0》的修编过程中，将继续采取"逐行业编制、逐行业发布"的模式；同时，在当前企业社会责任向纵深发展，部分社会责任议题重要性凸显，以及越来越多企业发布社会责任议题报告的背景下，在《指南 4.0》的修编过程中，还将采取"逐议题编制、逐议题发布"的模式，从而构建 1（基础框架）+ N（分行业指南）+ M（分议题指南）的指南系列，进一步提升指南的系统性和适用性。

（四）内容更科学

指标上，《指南 4.0》在编写过程中对指标体系进行了大幅更新，合并《指南 3.0》中重复的指标，精简《指南 3.0》冗杂的指标，更新部分指标的描述解释。对原有指标体系中的报告前言、责任管理、环境绩效三个板块子指标重新调整分类；广泛吸纳社会责任最新倡议、指标或指南，融合了包括全球报告倡议组织（GRI）社会责任指标 G-standards，联合国可持续发展目标（SDGs）和香港联交所《环境、社会及管制报告指引》（ESG）等国内外最新主流指标体系，并结合了中国社会责任政策趋势。

流程上，企业社会责任在中国经过 10 年发展，发布社会责任报告的企业逐年增加。编制报告作为社会责任管理体系中的重要专项工作，部分企业仍然对如何科学、系统地编制一本社会责任报告存在疑惑。因此，《指南 3.0》首次提出通过对社会责任报告进行全生命周期管理，充分发挥报告在加强利益相关方沟通、提升企业社会责任管理水平两方面的作用。《指南 4.0》进一步优化报告过程管理，将原有的 7 过程要素变更为 8 过程要素，进一步理清报告编写脉络，并明确各阶段任务和目标，以期有效提升社会责任报告质量。

三、指南使用

（一）参考《指南 4.0》的指标体系编写报告

企业在编写社会责任报告过程中，按照《指南 4.0》确定的议题和指标确定本企业社会责任报告框架和内容，并提供报告内容与《指南 4.0》指标体系的索引表。

（二）严格按照《指南 4.0》的流程编写报告

企业在编写社会责任报告的过程中，严格按照《指南 4.0》确定的报告流程编写报告，扎实完成报告编写的各个环节，重视流程管控，提升报告质量。

（三）严格按照《指南 4.0》的方法提升报告价值

企业在编制报告的过程中和报告编制完成后，严格按照《指南 4.0》确定的方法管理报告的价值。做好利益相关方的重点回应、过程参与和影响传播，实现报告价值。

（四）申请参加"中国企业社会责任报告评级"

报告评级是对企业社会责任报告的第三方认证，鼓励企业按照《指南 4.0》编写报告后向中国企业社会责任报告评级专家委员会申请评级。

四、第三方质量保证

提供第三方质量保证的目的是改善社会责任报告的可信度，弥合报告企业与报告读者之间的信任鸿沟，最终提升社会责任报告的有用性。第三方质量保证根据保证提供的主体不同，通常有以下三种方式：

（1）由有影响力的利益相关方或者社会责任领域专家发表的第三方评论。评论的内容主要包括对企业管理、业绩和社会责任进展的意见和建议，但不包括对报告信息的质量等问题发表正式结论。

（2）由行业协会、咨询机构等非专业机构提供的第三方评论。评论的内容主要包括对企业管理业绩、社会责任进展的意见和建议，有些评论包括对企业社会责任报告质量的评论，但这些结论通常是非正式的。

（3）由专业验证机构提供的正式验证声明，并出具验证报告。该声明是系统的、以证据为基础的结果，验证人员根据报告质量和数据得出正式结论。

目前，国际上应用最为广泛、影响力最大的标准是由国际审计与鉴证准则委员会（International Auditing and Assurance Standard Board，IAASB）发布的 ISAE3000 和 Accountability 发布的 AA1000 审验标准。在国内，应用最为广泛的第三方质量保证标准是由中国社会科学院经济学部企业社会责任研究中心发布的《中国企业社会责任报告评级标准》。

（一）ISAE3000 标准

ISAE3000 标准主要指"适用于对历史信息以外的其他财务资料的审验的验证服务国际标准"。该标准主要有如下特点：

第一，将审验保证程度分为合理保证和有限保证。标准规定，所有的外部审验活动都应说明其程序的保证程度，以减少信息使用者对审验可靠性的期望与其实际效力之间的差距，允许审验人员在合理保证或有限保证两个不同层次的保证基础上对报告信息做出保证。

第二，取消对报告标准的限制。由于社会责任报告在国际上并未形成强制性标准，不同国家和地区的社会责任标准也不尽相同，所以 ISAE3000 取消了对报告标准的限制，即审验人员在不清楚报告编制标准或标准不充分的情况下也可以接受该验证任务。

第三，审验声明的形式。审验人员在签署最后声明时应清楚阐述他们从被审验文件的信息中所得到的结论。在有限保证时，这一判断必须用消极方式表述，即：对所收集要素的测试并不意味着该公司完全真实准确地报告了其业绩；在合理保证时，则应采取积极方式描述。

（二）AA1000 系列标准

制定 AA1000 系列标准的目的是提高组织在可持续发展方面的业绩表现，它包括一套创新性的标准、指引和使用者附注。现行的 AA1000 系列标准由三个标准组成：AA1000 原则标准（AA1000APS）、AA1000 审验标准（AA1000AS）和 AA1000 利益相关方参与标准（AA1000SES）。AA1000 审验标准具有如下特点：

第一，将利益相关方置于审验的核心。AA1000 审验标准是评价一个组织是否对其利益相关方尽责的有效衡量标准，把利益相关方置于审验的核心，并特别关心他们的意见和反馈。审验程序所带来的价值增值无论对内部管理者还是外部利益相关者来说都是至关重要的。

第二，具有充分的灵活性。AA1000 审验标准为社会责任审验提供了一个严格的框架，同时又为其适应不同组织机构环境提供了充足的灵活性。

第三，全方位的审验标准。AA1000 审验标准为组织机构提供了在不同认证体系内获取信息并起作用的途径，这些体系包括可持续发展的一些特定方面，比如可持续森林管理认证体系、公平贸易标签体系或环境管理体系。它提供了一个可信赖而又客观的平台，这个平台将可持续的非财务因素与传统的财务报告和审验联系起来。

（三）《中国企业社会责任报告评级标准》

《中国企业社会责任报告评级标准》是由中国社会科学院经济学部企业社会责任研究中心联合国内社会责任研究专家共同研发的报告评级标准。自 2009 年中国企业社会责任报告评级专家委员会成立以来，迄今为包括中央企业、地方企业、民营企业和外资企业在内的 400 份社会责任报告进行评级。特别是 2016 年，评级企业突破 65 家，五星级报告由 2015 年的 23 家增至 31 家，评级专家委员会"科学、公正、开放"的评价结果和工作模式得到了社会各界的一致好评。

【评级主体】

中国企业社会责任报告评级专家委员会是企业社会责任报告评级的领导机构与执行机构，是由中国企业社会责任研究及实践领域的专家组成的开放性机构。委员会采取开放、灵活的工作模式，根据申请报告评级企业的行业属性等特征，选取 3 名委员组成评级专家委员小组。报告内容评级之前，由评级事务联络人组成的资料审核小组赴企业所在地，对企业社会责任报告的流程和价值做实地评估，将评估结果与企业社会责任报告一并提交专家，专家委员小组对报告分别进行总体评级，由评级小组组长综合专家意见确定报告最终级别、出具评级报告。根据企业要求，委员会可组织专家与企业就提高社会责任报告质量、规范社会责任报告编制流程等问题进行深入沟通。

【评级流程】

（1）企业根据自愿原则向中国社会科学院经济学部企业社会责任研究中心提出正式的报告评级申请，并与中心达成报告评级协议。

（2）在评级专家委员会中抽取专家成立报告评级小组，报告评级小组由专家委员和评级事务联络人组成，联络人一般由中心工作人员组成，完成实地评估。

（3）评级事务联络人赴企业所在地对其社会责任报告流程和价值进行评估，评估结果交评级小组参考。

（4）专家委员小组成员根据评级标准和《中国企业社会责任报告编写指南（CASS–CSR 4.0）》对企业社会责任报告分别进行打分。

（5）评级小组组长综合专家意见后形成评级报告，委员会主席审签。

（6）组织专家与企业进行后续沟通及报告改进。

评级流程如图 1–3 所示。

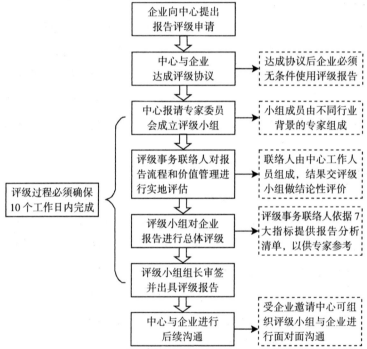

图 1–3　中国企业社会责任报告评级流程

五、指南生态

中国社科院企业社会责任研究中心自 2009 年推出《指南 1.0》以来，以指南为基础，已经衍生研发出《中国企业社会责任蓝皮书》《中国企业社会责任报告白皮书》等权威学术著作，总结中国年度社会责任进展，展望未来发展趋势；以指南为依据，开展"中国企业社会责任报告评级"，建立权威的社会责任报告评价体系，为企业更好编写社会责任报告提供专业指导；同时，围绕企业社会责任报告，搭建高端平台，组织高端会议，促进企业社会责任报告交流与合作。逐步形成以指南为核心，服务权威著作，延伸专业评价，支撑高端平台和活动的指南使用生态系统。如图1-4所示。

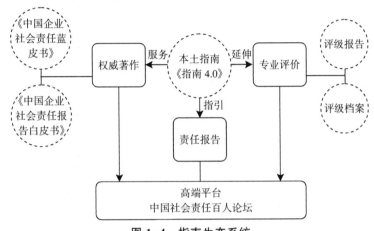

图1-4 指南生态系统

（一）指南与《中国企业社会责任蓝皮书》

《中国企业社会责任蓝皮书》以指南为依据，结合年度CSR发展新趋势、新特点，开发社会责任评价指标体系，通过公开渠道收集企业社会责任信息，在对指标进行赋权的基础上形成年度社会责任发展指数。企业社会责任发展指数是对企业社会责任管理体系建设的现状和社会/环境信息披露水平进行评价的综合指数，根据评价对象的不同可产生不同的指数分类，进而形成中国企业社会责任发展系列指数。自2009年起，中国社科院经济学部企业社会责任研究中心每年编著《中国企业社会责任蓝皮书》，形成《中国企业社会责任研究报告》，发布中国企业社会责任发展指数，评价年度的社会责任管理状况和社会/环境信息披露水平，辨析中国企业社会责任发展进程的阶段性特征，为深入研究中国企业社会责任现状提供基准性参考。研究报告对中国企业300强、国有企业100强、民营企业100强、外资企业100强、省域国有企业以及16个重点行业的企业社会责任发展水平进行评价，研究中国企业社会责任年度最新进展，以期促进中国企业社会责任又好又快发展。如图 1-5 所示。

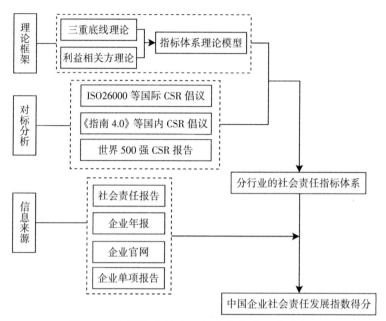

图 1-5　中国企业社会责任发展指数研究路径

【成果特点】

影响广泛：中国企业社会责任领域最具权威性的研究，每年均得到中央电视台、新华网、人民网等数十家新闻媒体的持续跟踪报道，社会影响广泛。

解读权威：以中国 100 强系列企业为研究对象，详细解读了不同性质企业在社会责任方面的阶段性特征；以电力、银行等十多个重点行业为研究对象，探究不同行业社会责任管理水平和社会责任信息披露水平。

行业领先：研究成果得到国内外大型企业和各大行业广泛关注和评价，成为中国企业社会领域领先的行业性研究成果。

（二）指南与《中国企业社会责任报告白皮书》

自 2011 年开始，中国社科院经济学部企业社会责任研究中心与新华网连续六年联合发布《中国企业社会责任报告白皮书》，以《指南 4.0》和《中国企业社会责任报告评级标准》为评价依据，以企业社会责任报告的信息披露质量及报告管理水平为评价内容，对年度发布的所有报告进行逐一评价，多角度、全方位反映我国企业社会责任报告的阶段性特征。

【成果特点】

（1）影响广泛：数十家新闻媒体专版报道，业内影响力大。

（2）解读权威：从发布数量、分布地域、企业性质、所在行业、报告篇幅、参考标准、报告内容等角度，辨析每年中国企业社会责任报告的最新进展，进一步推动报告水平的提升。

（3）案例丰富：选取行业前沿的企业如中石化集团、国家开发投资公司、中国三星、现代汽车等企业社会责任报告的优秀案例，供参考借鉴。

（三）指南与中国企业社会责任报告评级

"中国企业社会责任报告评级"是由中国社会科学院企业社会责任研究中心发起成立的"中国企业社会责任报告评级专家委员会"所提供的一项专业服务，依据《中国企业社会责任报告编制指南》和《中国企业社会责任报告评级标准》，对企业年度发布的社会责任报告进行评级并出具评级报告。旨在通过报告评级向企业提供专业意见，为企业社会责任工作提供智力支持，改进我国企业社会责任工作现况；以报告促管理，充分发挥报告在利益相关方沟通、企业社会责任绩效监控方面的作用，将报告作为提升公司社会责任管理水平的有效工具。

【成果特点】

专家权威："中国社会责任报告评级专家委员会"由来自国务院国资委、国务院扶贫办、中国社会科学院、清华大学、中山大学、中企联、中电联、联合国全球契约网络、中国企业公民委员会、新华网等机构的知名社会责任专家组成。

评价全面：对报告的内容维度、流程维度、价值维度和创新维度进行全方位评级，出具专家签署的评级报告。最终结果通过星级呈现，分别为五星级（卓越）、四星半级（领先）、四星级（优秀）、三星半级（良好）等。

建议专业：评估人员赴参评企业进行面对面沟通，指导企业社会责任报告管理工作；评级专家为社会责任报告"把脉"，出具《报告评级改进建议书》，提升报告质量。

推广多元：通过《中国企业社会责任报告白皮书》（已连续发布 6 年）、社会责任领域高端峰会、责任云微信公众号、评级档案等方式全方面宣传和展示企业报告和履责实践。

【成果回顾】

截至 2019 年 7 月底，评级专家委员会已经为 573 份社会责任报告提供评级服务，报告评级服务已经成为国内最权威、受企业广泛认可的企业社会责任报告第三方评价。其中服务的企业如表 1-1 所示。

表 1-1　评级企业

2011 年 (22 家)	2012 年 (43 家)	2013 年 (60 家)	2014 年 (61 家)	2015 年 (65 家)	2016 年 (66 家)	2017 年 (73 家)	2018 年 (91 家)
南方 电网	中石化 股份	中国 建材	中国 移动	中国 石化	中国 华电	中国 移动	中国 兵器
中国 电信	中国 华能	中国 建筑	中国 海油	神华 集团	中国 一汽	中国 人保	中国 电科
中国 华能	中国 铝业	中煤 集团	中粮 集团	北控 集团	中国 建筑	中国 交建	中国 石化
中石化 集团	华润 集团	中国 海油	中航 工业	国投	中国 建材	海立 股份	中国 海油
中石化 股份	神华 集团	中国 联通	中国 交建	光大 银行	远洋 集团	丰田 (中国)	中国 南网
中国 黄金	中国 电科	中国 电子	国机 集团	三元 食品	佳能 (中国)	华润 电力	中国 华电
远洋 地产	新兴 际华	北汽 集团	海航 集团	台达	松下 (中国)	保利 协鑫	中国 大唐
中国 电科	广东 粤电	三星 (中国)	松下 (中国)	上汽 大众	现代 汽车	LG 化学	中国 LG
中国 兵装	佳能 (中国)	斗山 (中国)	丰田 (中国)	LG (中国)	民生 银行	佳能 (中国)	台达 中国
……	……	……	……	……	……	……	……

（四）中国企业社会责任百人论坛

《指南 4.0》以及由指南支撑的权威著作《中国企业社会责任蓝皮书》《中国企业社会责任报告白皮书》，由指南延伸的专业评价和由指南指引的社会责任报告都将在中国社会责任百人论坛框架下进行价值延伸。通过责任百人会议发布相关成果，通过责任百人文库打造成果品牌，通过责任百人讲堂进行成果分享，通过责任百人调研提升成果影响。

"中国社会责任百人论坛"（以下简称"百人论坛"）（China Social Responsibility 100 Forum），是由致力于推动中国社会责任发展的专家学者、企业家、社会活动家等自发建立的公益性机制，是中国社会责任领域的高端平台。

百人论坛通过持续举办重点热点问题研讨会、重要成果发布会等，实现汇聚责任思想、共享责任成果、提升履责绩效的论坛宗旨，为政府推进社会责任发展建言献策，为企业履行社会责任指明方向，助力中国走出一条经济繁荣、社会进步、环境优美的可持续发展之路，携手共筑"中国梦"。

责任百人论坛主要活动：

● 责任百人会议

◆ 年会。每年 1 月举办，总结年度工作，发布年度重要成果，讨论新一年工作计划。北京社会责任展持续组织并发布中国企业的社会责任、公益扶贫、标准、行业等年度研究报告，同时设立主题展厅，展现优秀企业社会责任实践。

◆ 重大热点研讨会。发布论坛成员的重要研究成果，就重大热点社会/环境问题进行深度研讨，为社会责任事业的发展建言献策。

● 责任百人文库

◆ 开展社会责任蓝皮书、公益蓝皮书、企业扶贫蓝皮书、汽车行业社会责任蓝皮书、报告编写标准、海外社会责任、上市公司社会责任蓝皮书等一系列研究。

◆ 责任百人讲堂。组织开展公益讲堂、责任官、MBA 系列社会责任培训和讲座。

● 责任百人调研

◆ 组织开展走进理事单位、分享责任中国行等社会责任调研和交流活动。

中国社会责任百人论坛发起人名单（截至 2019 年 8 月）

李　扬　中国社科院学部委员、国家金融与发展实验室理事长

彭华岗　国务院国资委秘书长

解思忠　原国务院国资委监事会主席

欧晓理　国家发改委社会司司长

张晓刚　国际标准化组织（ISO）主席

刘兆彬　中国质量万里行促进会会长

曹宏瑛　中国外商投资企业协会常务副会长

王幼燕　中国电子信息联合会副秘书长

魏紫川　新华网常务副总裁

宋志平　中国建材集团有限公司董事长

王小康　全国政协委员、原中国节能环保集团有限公司董事长

郑崇华　台达集团创办人暨荣誉董事长

刘　冰　中国黄金集团有限公司董事、总经理、党委副书记

史正江　中国南方电网有限责任公司党组副书记、副总经理

蓝　屹　华润集团秘书长、办公厅主任

陈晓龙　圣象集团董事长

王　彤　中国三星首席副总裁

张　凯　松下电器（中国）有限公司副总裁

潘家华　中国社会科学院城市发展与环境研究所所长、中国社会科学院学部委员

黄群慧　中国社会科学院工业经济研究所所长

刘纪鹏　中国政法大学商学院院长

李雪松　中国社科院财经战略研究院副院长

邓国胜　清华大学公益慈善研究院副院长

张洪忠　北京师范大学新闻传播学院副院长、教授

周祖城　上海交通大学安泰经济与管理学院教授

倪鹏飞　中国社会科学院城市与竞争力研究中心主任

吕　朝　恩派（NPI）公益组织发展中心创始人、主任

宝　山　北大纵横管理咨询集团高级合伙人

吕建中　博然思维集团创始人

钟宏武　中国社科院企业社会责任研究中心主任（论坛秘书长）

张　蒽　中国社科院企业社会责任研究中心常务副主任

中国社会责任百人论坛理事会单位名单（截至 2019 年 8 月）

● 中国社会责任百人论坛理事会

责任百人论坛设立企业理事会，吸纳在行业内有一定影响力，且具有较强社会责任感和良好声誉的企业加入。

● 理事会单位（截至 2019 年 8 月）

中国石化、国投、招商局、华润集团、南方电网、东风汽车、中国一汽、中国华电、中国电建、中国旅游集团、中国黄金、华润电力、华润置地、国家电投、华润燃气、华发集团、上海家化、中国民生银行、阿里巴巴、海航集团、华夏幸福、伊利、圣象、碧桂园集团、蒙牛、中国三星、现代汽车、台达、松下（中国）、苹果、LG 化学、东风悦达起亚、中国兵器、中国移动、安利、华润健康。

责任百人论坛设立秘书处，作为日常办事机构。

六、与《指南 3.0》对应表

《指南 4.0》对报告指标体系进行大幅修订，具体指标含义和解读可参考第二章"报告内容管理"。

（一）报告前言（P 系列）

表 1-2 《指南 4.0》与《指南 3.0》的报告前言对比

《指南 3.0》		《指南 4.0》	
报告规范 （P1）	P1.1 报告质量保证程序 P1.2 报告信息说明 P1.3 报告边界 P1.4 报告体系 P1.5 联系方式	报告规范 （P1）	P1.1 质量保证 P1.2 信息说明 P1.3 报告体系
报告流程 （P2）	P2.1 报告编写流程 P2.2 报告实质性议题选择程序 P2.3 利益相关方参与报告编写过程的 程序和方式	高管致词 （P2）	P2.1 履行社会责任的形势分析与战略 考量 P2.2 年度社会责任工作进展

续表

《指南 3.0》		《指南 4.0》	
高管致辞 （P3）	P3.1 企业履行社会责任的机遇和挑战 P3.2 企业年度社会责任工作成绩与不足的概括总结	责任聚焦 （P3）	P3.1 社会责任重大事件 P3.2 社会责任重点议题进展及成效
企业简介 （P4）	P4.1 企业名称、所有权性质及总部所在地 P4.2 企业主要品牌、产品及服务 P4.3 企业运营地域，包括运营企业、附属及合营机构 P4.4 按产业、顾客类型和地域划分的服务市场 P4.5 按雇佣合同（正式员工和非正式员工）和性别分别报告从业员工总数 P4.6 列举企业在协会、国家组织或国际组织中的会员资格或其他身份 P4.7 报告期内关于组织规模、结构、所有权或供应链的重大变化	企业简介 （P4）	P4.1 企业战略与文化 P4.2 组织架构及运营地域 P4.3 主要产品、服务和品牌 P4.4 企业规模与影响力 P4.5 报告期内关于组织规模、结构、所有权或供应链的重大变化
年度进展 （P5）	P5.1 年度社会责任重大工作 P5.2 年度责任绩效 P5.3 年度责任荣誉		

（二）责任管理（G 系列）

表 1-3 《指南 4.0》与《指南 3.0》的责任管理对比

《指南 3.0》		《指南 4.0》	
责任战略 （G1）	G1.1 社会责任理念、愿景、价值观 G1.2 企业签署的外部社会责任倡议 G1.3 辨识企业的核心社会责任议题 G1.4 企业社会责任规划	愿景 （G1）	G1.1 企业使命、愿景、价值观 G1.2 企业社会责任理念或口号
责任治理 （G2）	G2.1 社会责任领导机构 G2.2 利益相关方与企业最高治理机构之间沟通的渠道或程序 G2.3 社会责任组织体系 G2.4 企业内部社会责任的职责与分工 G2.5 社会责任管理制度	战略 （G2）	G2.1 实质性社会责任议题识别与管理 G2.2 社会责任战略规划与年度计划 G2.3 推动社会责任融入企业发展战略与日常经营 G2.4 塑造有影响、可持续的责任品牌
责任融合 （G3）	G3.1 推进下属企业社会责任工作 G3.2 推动供应链合作伙伴履行社会责任	组织 （G3）	G3.1 企业高层支持和推动社会责任工作 G3.2 社会责任领导机构及工作机制 G3.3 社会责任组织体系及职责分工

续表

《指南 3.0》		《指南 4.0》	
责任绩效 （G4）	G4.1 构建企业社会责任指标体系 G4.2 依据企业社会责任指标进行绩效评估 G4.3 企业社会责任优秀评选 G4.4 企业在经济、社会或环境领域发生的重大事故，受到的影响和处罚以及企业的应对措施	制度 （G4）	G4.1 制定社会责任管理制度 G4.2 构建社会责任指标体系 G4.3 丰富社会责任理论研究
责任沟通 （G5）	G5.1 企业利益相关方名单 G5.2 识别及选择利益相关方的程序 G5.3 利益相关方的关注点和企业的回应措施 G5.4 企业内部社会责任沟通机制 G5.5 企业外部社会责任沟通机制 G5.6 企业高层领导参与的社会责任沟通与交流活动	文化 （G5）	G5.1 组织开展社会责任培训 G5.2 开展社会责任考核或评优
责任能力 （G6）	G6.1 开展 CSR 课题研究 G6.2 参与社会责任研究和交流 G6.3 参加国内外社会责任标准的制定 G6.4 通过培训等手段培育负责任的企业文化	参与 （G6）	G6.1 识别和回应利益相关方诉求 G6.2 企业主导的社会责任沟通参与活动 G6.3 机构参与或支持的外界发起的经济、环境、社会公约、原则或其他倡议

（三）市场绩效（M 系列）

表 1-4 《指南 4.0》与《指南 3.0》的市场绩效对比

《指南 3.0》		《指南 4.0》	
股东责任 （M1）	M1.1 股东参与企业治理的政策和机制 M1.2 保护中小投资者利益 M1.3 规范信息披露 M1.4 成长性 M1.5 收益性 M1.6 安全性	股东责任 （M1）	M1.1 规范公司治理 M1.2 最高治理机构及其委员会的提名和甄选过程 M1.3 反腐败 M1.4 合规信息披露 M1.5 保护中小投资者利益 M1.6 成长性 M1.7 收益性 M1.8 安全性
客户责任 （M2）	M2.1 客户关系管理体系 M2.2 产品知识普及或客户培训 M2.3 客户信息保护 M2.4 止损和赔偿 M2.5 产品质量管理体系 M2.6 产品合格率 M2.7 支持产品服务创新的制度 M2.8 科技或研发投入 M2.9 科技工作人员数量及比例	客户责任 （M2）	M2.1 提升产品/服务可及性 M2.2 产品/服务质量管理体系 M2.3 合格率 M2.4 坚持创新驱动 M2.5 研发投入 M2.6 新增专利数 M2.7 科技成果产业化 M2.8 严禁虚假或者引人误解的宣传 M2.9 产品知识普及或客户培训

续表

《指南 3.0》		《指南 4.0》	
客户责任 （M2）	M2.10 新增专利数 M2.11 新产品销售额 M2.12 重大创新奖项 M2.13 客户满意度调查及客户满意度 M2.14 积极应对客户投诉及客户投诉解决率	客户责任 （M2）	M2.10 潜在风险警示 M2.11 公平交易 M2.12 倡导可持续消费 M2.13 客户信息保护 M2.14 主动售后服务体系 M2.15 积极应对消费者投诉 M2.16 投诉解决率 M2.17 止损和赔偿 M2.18 客户满意度
伙伴责任 （M3）	M3.1 战略共享机制及平台 M3.2 诚信经营的理念及制度保障 M3.3 公平竞争的理念及制度保障 M3.4 经济合同履约率 M3.5 识别并描述企业的价值链及责任影响 M3.6 企业在促进价值链履行社会责任方面的倡议和政策 M3.7 企业对价值链成员进行的社会责任教育、培训 M3.8 公司责任采购的制度及（或）方针 M3.9 供应商社会责任评估和调查的程序和频率 M3.10 供应商通过质量、环境和职业健康安全管理体系认证的比率 M3.11 供应商受到经济、社会或环境方面处罚的个数 M3.12 责任采购比率	伙伴责任 （M3）	M3.1 诚信经营 M3.2 经济合同履约率 M3.3 公平竞争 M3.4 战略共享机制和平台 M3.5 尊重和保护知识产权 M3.6 助力行业发展 M3.7 公平贸易 M3.8 针对供应商的社会责任政策、倡议和要求 M3.9 因为社会责任不合规被否决的潜在供应商数量 M3.10 供应商社会责任日常管理机制 M3.11 供应商社会责任审查的流程与方法 M3.12 报告期内审查的供应商数量 M3.13 因为社会责任不合规被终止合作的供应商数量 M3.14 供应商社会责任绩效考核与沟通 M3.15 供应商社会责任培训 M3.16 供应商社会责任培训绩效

（四）社会绩效（S 系列）

表 1-5 《指南 4.0》与《指南 3.0》的社会绩效对比

《指南 3.0》		《指南 4.0》	
政府责任 （S1）	S1.1 企业守法合规体系 S1.2 守法合规培训 S1.3 禁止商业贿赂和商业腐败 S1.4 企业守法合规审查绩效 S1.5 纳税总额 S1.6 响应国家政策 S1.7 确保就业及（或）带动就业的政策或措施 S1.8 报告期内吸纳就业人数	政府责任 （S1）	S1.1 守法合规体系建设 S1.2 守法合规培训 S1.3 纳税总额 S1.4 支持和参与全面深化改革 S1.5 带动就业 S1.6 报告期内吸纳就业人数

续表

《指南 3.0》	《指南 4.0》
员工责任 (S2) S2.1 劳动合同签订率 S2.2 集体谈判与集体合同覆盖率 S2.3 民主管理 S2.4 参加工会的员工比例 S2.5 通过员工申诉机制申请、处理和解决的员工申诉数量 S2.6 雇员隐私管理 S2.7 兼职工、临时工和劳务派遣工权益保护 S2.8 按运营地划分的员工最低工资和当地最低工资的比例 S2.9 社会保险覆盖率 S2.10 超时工作报酬 S2.11 每年人均带薪休假天数 S2.12 按雇佣性质（正式、非正式）划分的福利体系 S2.13 女性管理者比例 S2.14 少数民族或其他种族员工比例 S2.15 残疾人雇佣率或雇佣人数 S2.16 职业健康与安全委员会中员工的占比 S2.17 职业病防治制度 S2.18 职业安全健康培训 S2.19 年度新增职业病和企业累计职业病 S2.20 工伤预防制度和措施 S2.21 员工心理健康制度/措施 S2.22 体检及健康档案覆盖率 S2.23 向兼职工、劳务工和临时工及分包商职工提供同等的健康和安全保护 S2.24 员工职业发展通道 S2.25 员工培训体系 S2.26 员工培训绩效 S2.27 困难员工帮扶投入 S2.28 为特殊人群（如孕妇、哺乳期妇女等）提供特殊保护 S2.29 尊重员工家庭责任和业余生活，确保工作生活平等 S2.30 员工满意度 S2.31 员工流失率	**员工责任 (S2)** S2.1 员工构成情况 S2.2 平等雇佣 S2.3 劳动合同签订率 S2.4 民主管理 S2.5 女性管理者比例 S2.6 雇员隐私管理 S2.7 反强迫劳动和骚扰虐待 S2.8 多元化和机会平等 S2.9 每年人均带薪休假天数 S2.10 薪酬与福利体系 S2.11 职业健康管理 S2.12 工作环境和条件保障 S2.13 员工心理健康援助 S2.14 员工培训体系 S2.15 年度培训绩效 S2.16 职业发展通道 S2.17 生活工作平衡 S2.18 困难员工帮扶 S2.19 员工满意度 S2.20 员工流失率
安全生产 (S3) S3.1 安全生产管理体系 S3.2 安全应急管理机制 S3.3 安全教育与培训 S3.4 安全培训绩效 S3.5 安全生产投入 S3.6 安全生产事故数 S3.7 员工伤亡人数	**安全生产 (S3)** S3.1 安全生产管理体系 S3.2 安全应急管理机制 S3.3 安全教育与培训 S3.4 安全培训绩效 S3.5 安全生产投入 S3.6 安全生产事故数 S3.7 员工伤亡人数

《指南 3.0》		《指南 4.0》	
社区责任 (S4)	S4.1 评估企业进入或退出社区时对社区环境和社会的影响 S4.2 新建项目执行环境和社会影响评估的比率 S4.3 社区代表参与项目建设或开发的机制 S4.4 企业开发或支持运营所在社区中的具有社会效益的项目 S4.5 员工本地化政策 S4.6 本地化雇佣比例 S4.7 按主要运营地划分，在高层管理者中本地人员的比率 S4.8 本地化采购政策 S4.9 企业公益方针或主要公益领域 S4.10 企业公益基金/基金会 S4.11 海外公益 S4.12 捐赠总额 S4.13 企业支持志愿者活动的政策、措施 S4.14 员工志愿者活动绩效	社区责任 (S4)	S4.1 社区沟通和参与机制 S4.2 员工本地化政策 S4.3 本地化雇佣比例 S4.4 本地化采购政策 S4.5 支持社区妇女、土著居民、农户、牧民和渔民的发展 S4.6 公益方针或主要公益领域 S4.7 建立企业公益基金/基金会 S4.8 捐赠总额 S4.9 打造品牌公益项目 S4.10 支持志愿者活动的政策、措施 S4.11 员工志愿者活动绩效 S4.12 助力精准扶贫 S4.13 扶贫专项资金投入 S4.14 脱贫人口数量

（五）环境绩效（E 系列）

表 1-6　《指南 4.0》与《指南 3.0》的环境绩效对比

《指南 3.0》		《指南 4.0》	
绿色运营 (E1)	E1.1 建立环境管理组织体系和制度体系 E1.2 环保预警及应急机制 E1.3 参与或加入环保组织或倡议 E1.4 企业环境影响评价 E1.5 环保总投资 E1.6 环保培训与宣传 E1.7 环保培训绩效 E1.8 环境信息公开 E1.9 与社区沟通环境影响和风险的程序和频率 E1.10 绿色办公措施 E1.11 绿色办公绩效 E1.12 减少公务旅行节约的能源 E1.13 绿色建筑和营业网点	绿色管理 (E1)	E1.1 环境管理体系 E1.2 环保预警及应急机制 E1.3 环保技术研发与应用 E1.4 环境指标统计核算体系方法 E1.5 环保培训和宣教 E1.6 建设绿色供应链 E1.7 支持绿色低碳产业发展 E1.8 环保总投资 E1.9 应对气候变化 E1.10 碳强度 E1.11 非化石能源比重 E1.12 碳汇
绿色工厂 (E2)	E2.1 建立能源管理体系 E2.2 节约能源政策措施 E2.3 全年能源消耗总量 E2.4 企业单位产值综合能耗 E2.5 企业使用新能源、可再生能源或清洁能源的政策、措施	绿色生产 (E2)	E2.1 绿色设计 E2.2 采购和使用环保原材料 E2.3 提高能源使用效率 E2.4 全年能源消耗总量及减少量 E2.5 单位产值综合能耗 E2.6 使用清洁能源的政策、措施

《指南 3.0》		《指南 4.0》	
绿色工厂 （E2）	E2.6 新能源、可再生能源或清洁能源使用量 E2.7 减少废气排放的政策、措施或技术 E2.8 废气排放量及减排量 E2.9 减少废水排放的制度、措施或技术 E2.10 废水排放量及减排量 E2.11 减少废弃物排放的制度、措施或技术 E2.12 废弃物排放量及减排量 E2.13 发展循环经济政策、措施 E2.14 再生资源循环利用率 E2.15 建设节水型企业 E2.16 年度新鲜水用水量/单位工业增加值新鲜水耗 E2.17 中水循环使用量 E2.18 减少温室气体排放的计划及行动 E2.19 温室气体排放量及减排量	绿色生产 （E2）	E2.7 清洁能源使用量 E2.8 节约水资源政策、措施 E2.9 年度新鲜用水量 E2.10 单位工业增加值新鲜水耗 E2.11 减少废气排放的政策、措施或技术 E2.12 废气排放量及减排量 E2.13 减少废水排放的制度、措施或技术 E2.14 废水排放量及减排量 E2.15 减少废弃物排放的制度、措施或技术 E2.16 废弃物排放量及减排量 E2.17 发展循环经济政策、措施 E2.18 循环经济发展绩效 E2.19 绿色包装 E2.20 制成品所用包装材料的总量（以吨计算）及（如适用）每单位占量 E2.21 绿色运输 E2.22 产品/人力运输过程中对环境的影响 E2.23 节约能源政策措施 E2.24 减少温室气体排放的计划及行动 E2.25 温室气体排放量及减排量
绿色产品 （E3）	E3.1 供应商通过 ISO14000 环境管理体系认证的比例 E3.2 提升供应商环境保护意识和能力的措施 E3.3 供应商受到环保方面处罚的个数和次数 E3.4 支持绿色低碳产品的研发与销售 E3.5 废旧产品回收的措施和绩效 E3.6 包装减量化和包装物回收的政策和绩效		
绿色生态 （E4）	E4.1 保护生物多样性 E4.2 在工程建设中保护自然栖息地、湿地、森林、野生动物廊道、农业用地 E4.3 生态恢复与治理 E4.4 生态恢复治理率 E4.5 环保公益活动	绿色运营 （E3）	E3.1 绿色办公措施 E3.2 绿色办公绩效 E3.3 生态恢复与治理 E3.4 保护生物多样性 E3.5 零净砍伐 E3.6 环保公益活动

（六）报告后记（A 系列）

表 1-7 《指南 4.0》与《指南 3.0》的报告后记对比

《指南 3.0》		《指南 4.0》	
（A1）	未来计划：公司对社会责任工作的规划	（A1）	未来计划：公司对社会责任工作的规划
		（A2）	关键绩效表：企业年度社会责任关键数据的集中展示
		（A3）	企业荣誉表：企业年度社会责任重要荣誉的集中展示

续表

	《指南 3.0》		《指南 4.0》
（A2）	报告评价：社会责任专家或行业专家、利益相关方或专业机构对报告的评价	（A4）	报告评价：社会责任专家或行业专家、利益相关方或专业机构对报告的评价
（A3）	参考索引：对本指南要求披露指标的采用情况	（A5）	参考索引：对本指南要求披露指标的采用情况
（A4）	意见反馈：读者意见调查表及读者意见反馈渠道	（A6）	意见反馈：读者意见调查表及读者意见反馈渠道

第二章　医药流通行业社会责任

医药流通是指连接上游医药生产企业和下游经销商以及终端客户，通过流通过程中的交易差价及提供增值服务获取利润的一项经营活动，主要是从上游厂家采购货物，然后批发给下游经销商，或直接出售给医院、药店等零售终端客户的药品流通过程。作为医药产业链中承上启下的重要环节的主体，医药流通企业通过交易差价及提供增值服务获取利润；通过建立规模化、专业化、现代化的物流配送体系，大大降低医药流通环节的成本，提高流通效率，保障人民的用药需求，有巨大的社会效益。

一、医药流通行业在国民经济中的地位

健康是促进人的全面发展的必然要求，是经济社会发展的基础条件。医药流通行业是国家医疗卫生事业和健康产业的重要组成部分，是关系国计民生的重要行业。它既与人民群众治病用药和健康安全密不可分，又在应对重大自然灾害和公共卫生事件时起到举足轻重的作用，同时对关联产业有强大的辐射带动作用。可以说，医药流通行业的健康有序发展直接关系到国家和谐稳定和人民幸福安康。

（一）满足人民群众日益上升的健康需求，提高人民生活质量

药品是特殊商品，是关系到人民群众生命和健康的特殊商品。医药流通行业的健康发展和壮大能够促进实现"人人享有卫生健康""全民健康"的目标。在我国老龄化进程不断加快，慢性疾病发病率持续上升，亚健康状态越发普遍的当

下，随着人民群众支付能力不断增强、健康意识不断提升，人们对健康的需求日益上升，对医药用品的刚性需求不断上升。药品流通行业不仅满足了全国 98 万余家医疗卫生机构的药品需求，每年还通过零售药店直接服务 130 多亿人次[①]，在保证药品供应、方便群众购药、关注百姓健康等方面发挥着重要作用。随着我国医药卫生体制改革不断深入，药品供应保障体系不断完善，医药服务不断创新，医药流通行业在满足人民群众日益增长的健康需求、提高国民生活质量和健康水平方面具有至关重要的作用。

（二）提高人口素质，保障经济和社会可持续发展

健康是人力资本的重要组成部分，因此，投资健康事业、发展医药流通行业具有社会和经济的双重意义。发展医药流通产业，对保障人民用药需求，提升人民健康水平和生命质量，促进人民幸福和社会稳定具有重要意义；同时，个体和群体的体力、精力的增强，人力资源素质和劳动生产率的提升，又能创造更多社会财富、促进经济发展。哈佛大学国际发展研究中心的研究表明，30%~40%的亚洲经济奇迹源于健康劳动力；还有研究显示，健康指标每提高 1%，经济增长率就提高 0.05%。从这一层意义来说，发展医药流通产业，对保障经济和社会可持续发展的人力资源基础具有重要意义。

（三）有效应对自然灾害和公共卫生事件

医药流通行业的不断壮大可以增强我国应对突发、新发公共卫生事件和重大自然灾害威胁的能力。一般来说，突发性事件和重大自然灾害复杂多变，发生的地点、事件、具体类别都是不可预测的，一旦发生，在很短时间内就会造成大量的人员伤亡和严重的财产损失，消毒药品、急救药品、医疗卫生设备等的日常储备和应急配送显得格外重要。医药流通行业的健康药品储备体系和应急供应机制，对有效应对重大突发传染病疫情、重大食物中毒事件、重大自然灾害以及安全事故等引发的公共卫生事件具有不可替代的作用。

---

①《全国药品流通行业发展规划（2016~2020 年）》。

（四）辐射带动关联产业发展

医药流通是医疗卫生事业的"动脉"，是联系上游药品生产厂家、下游医疗终端和广大消费者的纽带，是医疗卫生事业能够正常运转的基础支撑。在健康中国战略的引导下，在医药卫生体制改革的推动下，医药流通行业衍生出更多创新服务，医药物流和医药会展经济的快速发展，带动了装备制造、信息技术、软件开发、住宿餐饮等相关行业的发展，同时，对整个大健康产业的辐射和带动能力越来越强。

二、医药流通行业履行社会责任的意义

（一）宏观层面——推动社会可持续发展的重要支撑

"十三五"时期是全面建成小康社会和落实"健康中国"战略目标的重要阶段，是实现医药卫生体制改革目标和药品流通行业转型发展的关键时期。《"健康中国 2030"规划纲要》指出："推进健康中国建设，是全面建成小康社会、基本实现社会主义现代化的重要基础，是全面提升中华民族健康素质、实现人民健康与经济社会协调发展的国家战略，是积极参与全球健康治理、履行 2030 年可持续发展议程国际承诺的重大举措。"《全国药品流通行业发展规划（2016~2020年)》指出："以提高人民健康水平为核心，以改革创新为动力，以建立现代药品流通体系为目标，以促进行业转型升级为主线，以流通信息化、标准化、集约化为方向，以改善行业发展环境为着力点，积极推进药品流通行业供给侧结构性改革，充分发挥其在服务医疗卫生事业与健康产业的功能作用。"当前，我国医药流通行业发展面临"健康中国"战略实施和医药卫生体制改革的新形势，药品和健康服务市场需求不断增长，行业发展空间大大拓展。医药流通行业积极履行社会责任，加速转型升级、创新发展，形成统一开放、有序竞争、网络布局优化、组织化程度和流通效率较高、安全便利、群众受益的现代药品流通体系，提升服务水平，有效满足医药卫生体制改革的要求和人民群众日益增长的健康需求，对推动我国医疗卫生事业发展、助力健康中国战略实现、维护社会安定和谐、确保百姓幸福安康具有重要意义。

（二）中观层面——促进行业可持续发展的必然要求

《全国药品流通行业发展规划（2016~2020 年)》明确指出，药品流通行业存在以下三个方面的问题：一是行业结构不合理，供应能力和社会需求不匹配；二是流通现代化水平不高，现代医药物流技术尚未广泛采用，中药材现代流通仓储设施缺乏，药品供应链管理和信息化水平不高；三是行业服务能力不足，企业以客户为中心的经营理念有待提升，部分企业经营管理不规范、品牌竞争力不足，专业服务能力较弱，行业服务大健康的功能未充分发挥。

医药流通行业需要积极健全药品流通网络，建立遍及城乡的现代医药流通网络，强化短缺药品供应保障和预警，完善药品储备制度和应急机制，提高基层和边远地区药品供应保障能力；推广应用现代物流管理与技术，优化供应链管理，提升流通管理水平，健全中药材现代流通网络与追溯体系，建立现代医药流通新体系；积极推进"互联网+药品流通"，创新零售服务模式，创新行业经营模式，拓展行业服务功能，促进行业可持续发展。

（三）微观层面——保障企业可持续运营的重要条件

党的十九大报告对我国社会主要矛盾作出了重要论断：我国社会的主要矛盾已经转化为人民日益增长的美好生活需要和不平衡不充分的发展之间的矛盾。企业在立足自身发展的基础上，如何与国家战略相契合，探索出符合企业可持续发展的新模式，创造更丰富、更具包容性的发展机会；如何结合国家政策战略方针，运用商业化模式的优势，解决更多社会问题。这些都是需要企业去深入思考的问题。

习近平总书记在讲话中多次谈到企业社会责任。国有企业在深化改革中要通过自我完善，担当社会责任，树立良好形象，在推动改革措施上加大力度；民营企业要积极投身公益慈善事业，致富思源，义利兼顾，自觉履行社会责任；在海外责任方面，中国企业走出去，既要重视投资利益，更要赢得好名声、好口碑，遵守当地法律，承担更多社会责任。

医药流通企业应积极主动履行社会责任，加强企业内部责任管理，提升责任意识，将履行社会责任融入企业日常经营管理和生产活动中；坚持在经济、社会、环境方面承担应有的责任，建立现代医药流通体系、确保药品质量安全、坚持服务创新、防止药物滥用、建立药品储备制度和应急机制、打造绿色医药物流等；同时，加强社会责任沟通，积极回应利益相关方的期望和诉求，提升企业透明度、软实力和竞争力，促进企业可持续发展。

三、医药流通行业社会责任特征及要求

各行各业因其自身的特点，在履行社会责任过程中，呈现出不同的社会责任履责特征和要求，提出了差别化的社会责任议题。医药流通行业在建立现代医药物流、确保药品质量安全、药品储备及应急供应机制、创新医药零售服务、创新医药供应链增值服务、打造绿色医药物流、合理用药宣传方面表现出了不同的特征和履责要求。

（一）建立现代医药物流体系

医药物流不是简单的药品进、销、存或者是药品配送。所谓的医药物流是指依托一定的物流设备、技术和物流管理信息系统，有效整合营销渠道上下游资源，通过优化药品供销配运环节中的验收、存储、分拣、配送等作业过程，提高订单处理能力，降低货物分拣差错率，缩短库存及配送时间，减少物流成本，提高服务水平和资金使用效益，实现物流管理和作业的自动化、信息化和效益化。就目前来看，我国医药物流还处于起步阶段，尚未发展成熟，存在一些问题：现代医药物流技术尚未广泛采用，流通成本较高；中药材现代流通仓储设施缺乏，流通方式落后；药品供应链管理和信息化水平不高；等等。现代医药物流体系是医药流通企业的核心竞争力之一和本质职责所在，医药流通企业应转变经营理念和方式，大力推广和运用现代物流管理与技术，加强信息化建设，提升服务能力和水平，实现物流管理和作业的自动化、信息化、效益化。

（二）确保药品质量安全

药品的质量与安全关系到患者的生命安全，保障药品质量安全是医药流通企业最本质，也是最重要的责任。《全国药品流通行业发展规划（2016~2020 年)》指出，"随着我国城镇化建设提速、人口老龄化加快、二孩政策全面放开、居民收入稳步增长等，人民群众对医疗卫生服务和自我保健的需求将大幅增加，药品、保健品和健康服务的市场规模将加快增长。"需求量的激增对医药产品的质量和安全提出了更高的要求。此外，《中华人民共和国药品管理法》《药品流通监督管理办法》《药品经营质量管理规范》均对药品质量管理与安全提出了更高要求。医药流通企业应建立并完善药品质量管理体系，确保药品从采购、验收、存储、运输到销售等各环节的质量安全。

（三）药品储备及应急供应机制

药品在一定程度上具有不可代替性。《"健康中国 2030"规划纲要》指出："医药流通企业要强化短缺药品供应保障和预警，完善药品储备制度和应急供应机制；建设遍及城乡的现代医药流通网络，提高基层和边远地区药品供应保障能力。"医药流通企业科学合理储备药品、医疗器械、消毒用品和卫生防护用品，有效应对重大公共事件，能最大限度地减轻社会损失和危害，保护人民健康，维护社会稳定。可以说，建立并完善药品储备及应急供应机制，是医药流通企业履行社会责任的题中之义。

（四）创新医药零售服务

药品流通行业不仅满足了全国 98 万余家医疗卫生机构的药品需求，每年还通过零售药店直接服务 130 多亿人次[①]，在方便群众购药、关注百姓健康等方面发挥着重要作用。当前，我国医药流通企业以客户为中心的经营理念尚待提升，部分企业经营管理不规范，品牌竞争力不足，使得行业服务大健康的功能未能充分发挥。在医药卫生体制改革的时代背景下，医药流通企业应积极创新药品零售

---

① 《全国药品流通行业发展规划（2016~2020 年)》。

服务，积极推进零售药店信息系统与医疗机构信息系统和医保支付系统对接，鼓励具备条件的零售药店承接医疗机构门诊药房服务和其他专业服务。此外，应积极推进"互联网＋药品流通"，加强与互联网企业合作，推进线上线下融合发展，规范零售药店互联网服务，推广"网订店取""网订店送"等新型配送方式，以满足群众安全便捷用药需求。

（五）创新医药供应链增值服务

医药供应链服务创新是医药流通企业获得竞争优势的核心能力。以客户需求为中心，通过资源整合，为上游厂商和供应商、下游医疗客户和终端药店等提供多元化的信息增值服务，帮助客户实现价值增值，提高市场竞争力，可以增强客户黏度，实现互利共赢。医药流通企业应优化药品供应链管理，完善药品供应链集成系统，向供应链上下游提供市场开发、价格谈判、在线支付、金融支持等增值服务及综合解决方案，加快向药品供应链服务商转型发展；利用云计算、大数据等现代信息技术，整合药品研发生产、流通使用、疾病谱变化及患者健康需求和消费习惯等数据信息，加强对大数据的管理、分析和应用，为药品研发机构、生产企业判断市场趋势、调整产品结构以及医疗机构改进用药选择、加强合理用药，提供有价值的数据支撑，提高整个药品供应链的运作效率。

（六）打造绿色医药物流

绿色发展是实现高质量发展的本质要求，是生态文明建设的必然要求，是构建人类命运共同体的内在要求。发展现代绿色医药物流是医药流通企业不可推卸的社会责任，医药流通企业可大力推广使用射频识别、自动分拣输送、卫星定位等先进物流技术，发展上下游供应链紧密衔接、仓储资源和运输资源有效整合、多仓协同配送、物流成本经济的新型现代绿色医药物流；支持药品冷链物流体系建设，鼓励通过协同物流、共同配送等方式，实现企业间冷链资源互联共享，实现资源的节约和环境效益最大化。

（七）合理用药宣传

医药销售虚假广告的屡禁不止，严重损害了人民群众的健康安全，破坏了诚信合规经营的行业氛围。医药流通企业应遵循国家相关法律法规政策，在医药产品的宣传中，要确保宣传手段、渠道的合法合规，确保药品信息的真实性，杜绝虚假宣传。此外，医药流通企业还应立足行业特色，积极向社区居民普及合理用药常识，提升百姓健康意识，培养安全合理用药习惯，以公益之壮举谱健康中国之华章。

第三章 医药流通行业社会责任报告特征

一、国际医药流通企业社会责任报告特征

根据 2018 年国际医药流通企业在《财富》世界 500 强的排名情况，选取以下在企业规模上表现优异的 4 家企业作为目标研究对象，并对其报告进行特征分析（见表 3-1）。通过分析，可以得到以下基本结论。

表 3-1 国际医药流通行业对标企业基本信息（2018 年）①

企业名称	总部所在地	500 强排名	报告名称	报告页数
麦克森公司 （Mckesson）	美国	13	麦克森 2018 财年企业责任报告	36
美源伯根公司 （Amerisourcebergen）	美国	25	企业公民综述（2018 回顾）	72
康德乐 （Cardinal Health）	美国	34	康德乐 2018 企业公民报告	43
沃博联 （Walgreens Boots Alliance）	美国	43	2018 企业社会责任报告	92

（一）报告披露时间范围为财年，披露形式多元化

与国内社会责任报告的时间披露范围为自然年的特点不同，4 家国际医药流

---

① 本表企业名称、总部所在地、500 强世界排名均来源于财富中文网：http://www.fortunechina.com/fortune500/c/2018-07/19/content_311046.htm。

通企业样本报告的信息披露时间范围均为财年；在披露形式上，既有社会责任报告，也有企业公民报告，亦有企业公民综述，如麦克森和沃博联的报告名称为企业社会责任报告，美源伯根公司和康德乐的报告名称则分别为企业公民综述和企业公民报告；在报告篇幅上，4 家样本企业的报告在 36~92 页不等，披露的信息详尽程度不一。

（二）报告注重环境绩效披露，"用数据说话"特点显著

国际医药流通企业报告的显著特点是在环境责任方面披露大量指标数据，统计翔实。例如，麦克森在披露年度二氧化碳排放量时，根据气体产生范围对排放量实行分类统计；在披露年度耗电量时，分欧洲、美国、加拿大三个地理区域对耗电量实行分类统计。沃博联在披露年度二氧化碳排放量时，根据气体产生来源、地理区域、气体产生范围对排放量进行具体分类统计，数据的横向可比性和纵向可比性强（见图 3-1）。

Total Company CO_2e emissions, by source
(000 metric tonnes)

	Fiscal 2018[1]	Fiscal 2017[2]	Fiscal 2016[2]	Change vs. baseline year fiscal 2016 (%)
Energy	1,800	2,011	2,142	-16.0
Product Delivery	273	284	314	-13.1
Business Travel	56	59	57	-1.8
	2,129	2,354	2,513	-15.3

Total Company CO_2e emissions, by Division
(000 metric tonnes)

	Fiscal 2018[1]	Fiscal 2017[2]	Fiscal 2016[2]	Change vs. baseline year fiscal 2016 (%)
Retail Pharmacy USA	1,731	1,914	2,019	-14.3
Retail Pharmacy International	234	273	310	-24.5
Pharmaceutical Wholesale	164	167	184	-10.9
	2,129	2,354	2,513	-15.3

Total Company CO_2e emissions, by Scopes 1, 2 and 3[2]
(000 metric tonnes)

	Fiscal 2018[1]	Fiscal 2017[2]	Year-on-year change (%)
Scope 1[3]	370	368	+0.5
Scope 2[4]	1,639	1,863	-12.0
Scope 3[5]	120	123	-2.4
	2,129	2,354	-9.6

图 3-1 沃博联绩效数据

（三）报告注重呈现形式，可读性较好，表现富有张力

国际医药流通企业报告在排版上比较规范，在设计上普遍风格简明流畅，不同章节内容之间通过设置跨页、主题色等方式进行明确区分，极大提升了阅读便利性和报告可读性。例如，沃博联对报告各章节都赋予特定主题色，在具体内容上注重通过色彩、字号对比和图标的嵌入，集中展现企业年度关键绩效和履责亮点。值得一提的是，麦克森对目录标题设置跳转链接，方便在阅读电子版报告时快速定位到某一章节，对部分报告内容设置了外部链接，方便获取补充延伸信息，显著提升利益相关方对报告关键内容的获取，促进了报告内容的传播和沟通。

（四）报告设计善用人物元素，凸显以人为本理念

国际医药流通企业报告的一个共性特征是封面均为人物图片，报告配图以人物图片为主。封面人物图片以员工和客户的热情互动场景居多，例如沃博联的报告封面由 5 张人物图片组合构成，包括员工精神饱满地肩扛救灾药品包的画面、温柔女性员工与弱势儿童亲切对视聊天的画面等，体现了企业员工亲和度与专业性俱佳的风貌；美源伯根公司的报告封面为大幅近景人物图，即一对亲切交谈的有色人种中老年男女，充分展现企业在平等、多元、人权保护方面的价值观；康德乐的报告封面中展示了一位头戴耳麦、脸含笑意的客服人员，凸显企业高度重视与客户真诚沟通并及时反馈的履责态度。报告封面是企业给大众的第一印象，直观地向外界传递企业价值观与精神特质，内页图片是对报告文字的有力补充和延伸。4 家企业的报告人物图片虽然以专业工作场景居多，但人物动作与表情均传达出自然、真诚、亲切的感觉，由此诠释出国际医药流通企业以人为本的社会责任理念。

（五）报告具有时代性，紧密回应热点议题

国际医药流通企业关注 SDGs、GRI 等国际社会高度关注的热点议题。例如沃博联对联合国可持续发展目标（SDGs）进行了积极响应（见图 3-2），4 家企业均对 GRI 进行了全面回应，既展现了报告的与时俱进，也折射出企业的责任引领。

Material Topic	Definition	Corresponding GRI Topic Specific Standard(s)	Corresponding UN SDG(s)
① Access to affordable and quality healthcare	Supporting Walgreens Boots Alliance customers, employees, community members and other stakeholders to easily access affordable, quality prescriptions, immunizations and health services	This issue does not map directly to a GRI Topic Specific Standard	
② Product safety	Ensuring that products sold, including their ingredients, meet rigorous safety standards that in some cases go above and beyond regulation	GRI 416: Customer Health and Safety	
③ Consumer health education and marketing	Through campaigns and other communication tools, raising awareness among consumers and sharing information about critical health issues, prevention tips and other health-related information, such as smoking cessation	This issue does not map directly to a GRI Topic Specific Standard	
④ Responsible and ethical supply chains	Driving good practices across Walgreens Boots Alliance's supply chain, protecting human rights, supporting diverse suppliers and engaging with suppliers around environmental and social issues	GRI 414: Supplier Social Assessment	
⑤ Employee health, safety and wellbeing	Offering benefit packages, workplace conditions and other support systems to help ensure the health, safety and wellbeing of all Walgreens Boots Alliance employees	GRI 401: Employment	

图 3-2　沃博联企业社会责任报告（2018 年）

二、国内医药流通企业社会责任报告特征

根据国内医药流通企业规模、社会责任发展情况，选取华润医药商业集团有限公司、中国医药集团有限公司、上海医药集团股份有限公司、九州通医药集团股份有限公司四家企业作为样本，分析国内医药流通行业的社会责任报告特征。如表 3-2 所示。

表 3-2　国内医药流通行业对标企业基本信息①

企业名称	企业性质	首次发布时间
九州通医药集团股份有限公司	民企	2010 年
中国医药集团有限公司	国企	2012 年
上海医药集团股份有限公司	国企	2015 年
华润医药商业集团有限公司	国企	2016 年

———————————

① 按首份年度报告发布时间排序。

（一）报告编制日趋科学，参考标准多元化但缺乏第三方评价

报告编写的参考标准以及编写后的第三方评价或评级是确保报告编制过程科学性的有效措施。根据表 3-3 可知，4 家国内医药流通企业 2018 年社会报告均在前言部分明确标注了报告编写的参考标准，且参考标准的范畴十分多元，既涵盖国内外企业社会责任报告的经典指南，也有最新发布的指引，体现出国内医药流通企业在社会责任报告编制上日趋科学。但需要注意的是，仅有华润医药商业集团有限公司一家企业在完成报告编制后进行了报告评级，由中国社会责任评级专家委员会对其报告的过程性、实质性、完整性、平衡性、可比性、可读性、创新性进行评级并出具评级报告。由此可见，国内医药流通企业在报告编制科学性方面仍有一定提升空间。

表 3-3　国内医药流通行业对标企业社会责任报告基本信息（2018 年）

序号	企业名称	参考标准	第三方评价	2018 年报告页数
1	华润医药商业集团有限公司	《关于中央企业履行社会责任的指导意见》；"CASS-CS R4.0"；"GRI4"；《2010 中国医药流通企业社会责任指南》；《华润（集团）有限公司社会责任工作管理办法》	《华润医药商业集团有限公司 2018 社会责任报告》评级报告	81
2	中国医药集团有限公司	《关于中央企业履行社会责任的指导意见》①；"CASS-CSR 4.0"②；"GRI4"；ISO26000③		76
3	上海医药集团股份有限公司	"GRI"；《上海证券交易所上市公司环境信息披露指引》；《公司履行社会责任的报告编制指引》④；《环境、社会及管治报告指引》⑤		115
4	九州通医药集团股份有限公司	"GRI3.1"；《上海证券交易所上市公司环境信息披露指引》⑥		70

----

① 国务院国有资产监督管理委员会：《关于中央企业履行社会责任的指导意见》。
② 中国社会科学院经济学部企业社会责任研究中心发布《中国企业社会责任报告编写指南》，分别于 2009 年 12 月、2011 年 3 月、2014 年 1 月和 2017 年 11 月发布"CASS-CSR 1.0""CASS-CSR 2.0""CASS-CSR 3.0"和"CASS-CSR 4.0"一般框架。
③ 国际标准化组织（ISO）：《社会责任指南：ISO26000（2010）》。
④ 上海证券交易所：《公司履行社会责任的报告编制指引》。
⑤ 香港联合交易所有限公司：《环境、社会及管治报告指引》。
⑥ 上海证券交易所：《上海证券交易所上市公司环境信息披露指引》。

（二）报告内容日益充实，主题突出，行业特色明显

4 家国内医药流通企业中报告发布起步较早的是九州通医药集团股份有限公司和中国医药集团有限公司，上海医药集团股份有限公司与华润医药商业集团有限公司的报告相对发布较晚，但从 2018 年报告看，4 家企业披露的议题十分凸显行业特色，聚焦于行业关键议题，内容翔实，亮点频出。例如，华润医药商业集团有限公司以"倾尽全力，致敬改革开放 40 周年""华润八十，润 YAO 有你""健康扶贫，火炬点亮了什么"三个责任专题开篇，聚焦企业履责亮点，凸显企业责任担当。上海医药集团股份有限公司的主体框架分为"让公众用好药，用得起药""让公众方便用药""提供积极的社会问题协助解决方案""负责任运营，创造全面价值"几部分，分别披露了质量管理，以创新医药流通方式为主的客户责任、社会责任、员工责任、环境责任。医药流通企业报告注重披露以医药流通服务为体现的客户责任，介绍企业的药品质量管理体系、风险管控体系、药品储备及应急供应机制等内容，具有显著的医药流通行业特色，与其他行业的区分度较高，可以看出，医药流通企业对行业关键议题的识别能力逐步提升，表现出对利益相关方的关注热点予以积极回应的姿态。

（三）报告设计图文并茂，可读性增强

4 家国内医药流通企业社会责任报告在排版和设计上越来越规范，不同章节、不同级别内容之间通过标题、封面图片、字体颜色、字体大小等实现明确区分，一定程度上提升了阅读便利性；设计排版图文并茂，配图贴切，设计风格统一，凸显人文关怀，促进了报告内容的传播和沟通。如华润医药商业集团有限公司报告每节内容的设计风格和色彩在追求现代简约、饱和明快的基础上，注重通过企业关键绩效的提出和再设计，突出公司年度履责亮点，显著提升了利益相关方对报告关键内容的获取，如图 3-3 所示。

（四）报告议题需进一步加强对国际趋势的跟进

国内医药流通企业社会责任报告议题根植中国社会和行业发展现状，披露议题侧重于客户责任范畴，而国际医药流通企业对绿色物流、绿色包装等环保重点议题的披露非常详尽且角度多元。因此，国内医药流通企业应更加注重紧跟国际

化发展趋势和全球热点议题,使报告内容与时俱进,进一步发挥责任引领示范作用。

图 3-3 华润医药商业集团有限公司社会责任报告(2018 年)

第四章 报告指标详解

一、报告前言（P 系列）

报告前言板块依次披露报告规范、高管致辞、责任聚焦和企业简介，如图 4-1 所示。

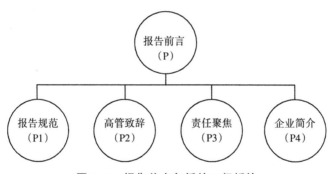

图 4-1 报告前言包括的二级板块

（一）报告规范（P1）

P1.1 质量保证

【指标解读】：报告质量保证程序是指企业在编写社会责任报告的过程中通过什么程序或流程确保报告披露信息正确、完整、平衡。

> **示例：**
>
> 本报告不存在虚假信息、误导性陈述，华润医药商业保证内容的真实

性、准确性和完整性。本报告引用的数据为 2018 年最终统计数据，报告披露的金额均以人民币计量，特别说明的除外。

——《华润医药商业集团有限公司 2018 社会责任报告》（P2）

P1.2　信息说明

【指标解读】：本指标的主要要素包括：

（1）应披露此报告为第几份社会责任报告、报告发布周期、报告参考标准和数据说明。

（2）应解释主要报告信息和数据覆盖的范围，如是否覆盖下属企业、合资企业以及供应链。由于各种原因（如并购、重组等），一些下属企业或合资企业在报告期内无法纳入社会责任报告范围的信息披露范围，企业必须说明报告的信息边界。此外，如果企业在海外运营，需在报告中说明哪些信息涵盖了海外运营组织。

（3）如果企业报告涵盖供应链，需对供应链信息披露的原则和信息边界做出说明。

（4）给出报告及其内容方面的问题联络人及联络方式、报告获取方式、延伸阅读。

示例：

报告时间范围

本报告为中国医药集团有限公司第 6 份社会责任报告，报告时间范围为 2018 年 1 月 1 日至 2018 年 12 月 31 日，为增强报告的可比性，部分内容超出上述范围。

报告组织范围

本报告所有数据和案例均来自中国医药集团有限公司及下属公司。为便于表达，在报告的表述中分别使用"中国医药集团有限公司""国药集团""集团""公司""我们"等称谓。

报告发布周期

国药集团社会责任报告为年度报告，原则上每年发布一次。

报告数据说明

本报告中所采用的信息与数据来自于国药集团及各成员企业的内部正式文件或有关公开信息。外部引用数据已在报告中予以注明。如非特殊说明，本报告的财务数据以人民币为单位。

报告参考标准

本报告编写参照国务院国有资产监督管理委员会《关于中央企业履行社会责任的指导意见》和中国社会科学院《中国企业社会责任报告编写指南（CASS–CSR 4.0）》，同时参考了全球报告倡议组织（GRI）的《可持续发展报告编写指南（G4）》、国际标准化组织（ISO）《ISO26000：社会责任指南》等文件，同时突出了企业特点和行业特色。

报告获取方式

中国医药集团有限公司董事会办公室

地址：北京市海淀区知春路 20 号中国医药大厦

电话：010-82287727

——《中国医药集团 2018 社会责任报告》（封二）

P1.3　报告体系

【指标解读】：本指标主要指公司的社会责任信息披露渠道和披露方式。社会责任信息披露具有不同的形式和渠道。部分公司在发布社会责任报告的同时，发布国别报告、产品报告、环境报告、公益报告等，这些报告均是企业披露社会责任信息的重要途径，企业应在社会责任报告中对这些信息披露形式和渠道进行介绍。

示例：

本报告以印刷版和网络版两种形式发布。网络版可在上海证券交易所网站（www.sse.com.cn）和本公司网站（www.jztey.com）查阅下载。

——《九州通医药集团股份有限公司 2018 社会责任报告》（P4）

（二）高管致辞（P2）

高管致辞是企业最高领导人（团队）对企业社会责任工作的概括性阐释，高管致辞代表了企业最高领导人（团队）对社会责任的态度和重视程度，主要包括以下两个方面的内容：

P2.1 履行社会责任的形势分析与战略考量

【指标解读】：主要描述企业对社会责任与可持续发展的形势判断，开展社会责任工作对经济、社会、环境发展的重要意义以及企业社会责任工作的战略、范式等。

示例：

岁序常易，华章日新。2018 年，是改革开放 40 周年，是华润集团成立 80 周年，40 年沧海巨变，80 年春风化雨，华润人用奋斗定义自己，与国家风雨同路，与时代命运与共，润物耕心，一往无前。2018 年，华润医药商业秉持自强不息的奋斗精神，重温历史，谋划未来，倾尽全力发展医药流通事业，用傲人的成绩赢得广泛赞誉。

2018 年，我们不忘初心迎改革、砥砺奋进谋发展，用创新驱动高质量发展。面对新形势、新变化、新挑战，我们及时调整公司组织架构，形成业务专业化、管理职能化的"战略运营管控体系"；我们迎难而上、开拓进取，积极探索新渠道、深耕医疗市场、拓展医疗器械、发展零售连锁、加强内部资源整合，持续向医药供应链智慧服务商转型。这一年，营业收入突破 1300 亿元人民币，全国布局再添三省，上海空港贸易有限公司成功设立，SPD 项目在全国各地陆续开展，"智能化药店""润药云方"等创新项目先后涌出，公司上下齐心荣获"全国五一劳动奖状"。

——《华润医药商业集团有限公司 2018 社会责任报告》(P5)

P2.2 年度社会责任工作进展

【指标解读】：主要指企业本年度在经济、社会和环境领域取得了哪些关键绩效，以及存在哪些不足和改进。

示例：

2018 年，我们用实力担当擎起社会责任，以共赢之举彰显红色央企的责任担当。我们创新推出"润·YAO 行动""健康扶贫中国行"大型公益活动，携手上下游供应链合作伙伴，在全国 80 个城市为百姓送医送药、捐款捐物、救助贫困，得到国家卫健委和社会的广泛赞誉；我们紧紧守护百姓用药安全，服务特殊用药需求，为客户提供安心、高效的优质服务；我们积极关爱每一位员工，潜心开发员工潜能，为员工打造价值实现平台；我们恪守诚信经营、公平竞争理念，创新医药供应链服务，实现互利共赢；我们追求绿色环保，全面提升环境管理水平，持续打造绿色医药物流。我们用心打造有温度的华润医药商业责任品牌，用实际行动践行可持续发展。

——《华润医药商业集团有限公司 2018 社会责任报告》（P5）

（三）责任聚焦（P3）

责任聚焦是对企业年度社会责任履责绩效和亮点工作的突出呈现。

P3.1　社会责任重大事件

【指标解读】：年度社会责任重大事件主要指从战略行为和管理行为的角度出发，企业在报告期内做出的重大管理改善，包括但不限于：制定新的社会责任战略；建立社会责任组织机构；在社会责任实践领域取得重大进展；下属企业社会责任重大进展；等等。

示例：

聚焦国药 2018

国药集团与雄安新区签署战略合作框架协议

2018 年 7 月 4 日，为落实党中央、国务院建设雄安新区的战略决策部署，国药集团与雄安新区管委会签署了战略合作框架协议。河北省委书记、省人大常委会主任王东峰，国药集团董事长、党委书记郭建新，副董事长、总经理佘鲁林出席了签约仪式。国药集团是与雄安新区签约的首家生物医药产业中央企业，充分体现了集团的政治责任和战略前瞻，对推动雄安新区发展现代生命科学和生物技术产业具有积极意义。

——《中国医药集团 2018 社会责任报告》（P10）

P3.2　社会责任重点议题进展及成效

【指标解读】：对报告期内企业最主要的责任议题进行重点阐述和集中展现，

体现企业社会责任工作的战略性和突出的社会环境价值。

> **示例：**
>
> 　　上海医药持续推进全国战略布局，康德乐中国的融入，四川、安徽等地新平台的建立，大西南区域布局的基本完成，扩展了业务覆盖区域，不断满足终端对服务升级的迫切需求。上海医药正在积极打造全国领先的 DTP 网络，为广大病患提供高端药品的便捷直送服务。2018 年中国批准上市的进口药品中，上海医药获得的品种总经销权全国第一。我们的"益药·药房"国内首发首个 PD-1 癌症免疫治疗药物欧狄沃；首发销售国内首款口服创新药奥巴捷，创造全国罕见药上市纪录。我们的血透中心受到当地患者的广泛认可，南通肾脏病医院全新开业，已运营一年的安徽天长血透中心运转良好，为肾病患者带去了便捷和均等化的服务。我们的医疗金融创新支付模式正在为越来越多的病患带去更多的希望。
>
> 　　　　　　　　——《上海医药集团股份有限公司 2018 社会责任报告》（P3）

（四）企业简介（P4）

P4.1　企业战略与文化

【指标解读】：描述企业的愿景、目标、使命或核心价值观。

> **示例：**
>
> | | |
> |---|---|
> | **企业使命** | 拓展医药保健事业空间　提高生命健康保障 |
> | **企业愿景** | 成为社会信赖的大健康服务平台 |
> | **企业精神** | 务实　专业　协同　奉献 |
> | **核心价值观** | 诚实守信　业绩导向　以人为本　创新发展 |
> | **发展理念** | 做实　做强　做大　做好　做长 |
>
> 　　　　　　　——《华润医药商业集团有限公司 2018 社会责任报告》（P19）

P4.2　组织架构及运营地域

【指标解读】：组织架构是指一个组织整体的结构，是在企业管理要求、管控定位、管理模式及业务特征等多因素影响下，在企业内部组织资源、搭建流程、开展业务、落实管理的基本要素。组织的运营地域包括其海内外的运营企业、附属及合营机构。

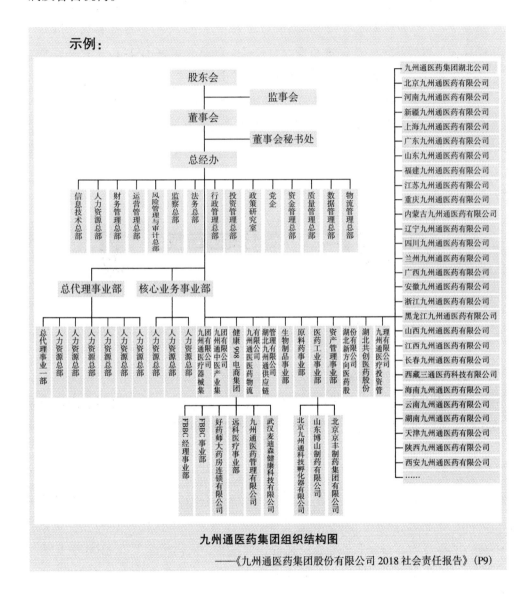

九州通医药集团组织结构图

——《九州通医药集团股份有限公司 2018 社会责任报告》（P9）

P4.3　主要产品、服务和品牌

【指标解读】：通常情况下，企业对社会和环境的影响主要通过其向社会提供的产品和服务实现。因此，企业应在报告中披露其主要品牌、产品和服务，以便于报告使用者全面理解企业的经济、社会和环境影响。

示例：

公司主要从事医药商品营销、物流配送以及提供医药供应链解决方案服务，主要经营西药制剂、化学原料药、中成药、中药饮片、医疗器械、医用耗材、生物制品、营养保健品等。公司是首批通过国家 GSP 认证的药品经营企业之一，具有各类药品和医疗器械的进出口资质、医药三方物流经营资质。公司与国内外近万家医药生产企业保持着长期稳定的合作关系，建有以北京为中心覆盖全国 31 个省市的营销网络，主要服务于全国各级医疗机构、医药商业批发企业和零售药店。

旗下品牌

——《华润医药商业集团有限公司 2018 社会责任报告》(P18~19)

P4.4　企业规模与影响力

【指标解读】：企业的规模应包括但不限于员工人数、运营地数量、净销售额或净收入等信息，影响力主要包括企业在行业中的地位等。

示例：

国药集团是由国务院国资委直接管理的大型医药健康产业集团，构建了集研发、制造、物流分销、零售连锁、医疗健康、工程技术服务、专业会展、国际经营、金融服务等于一体的大健康全产业链。旗下有 1100 多家子公司和国药控股、国药股份、国药一致、天坛生物、现代制药、中国中药 6 家上市公司。员工总人数 12.8 万人。

多年来，国药集团坚定不移地推动高质量发展。2009~2018 年，营业收入、资产总额年复合增长率分别达到 24.24% 和 30.54%。2018 年营业收入近 4000 亿元，集团规模、效益和综合实力持续保持国内医药行业领先地位，影响力不断提升。连续第六年被国资委评为"中央企业负责人经营业绩考核A级企业",荣获中央企业 2016~2018 年任期考核"业绩优秀企业"。连续第七年进入《财富》世界 500 强,在最新的世界 500 强排行榜中居第 169 位,较上一年上升 25 位。

——《中国医药集团 2018 社会责任报告》(P4)

P4.5 报告期内关于组织规模、结构、所有权或供应链的重大变化

【指标解读】:企业组织规模、结构、所有权或供应链的重大变化会对企业社会责任的履行带来较大影响,应在报告中进行披露。

示例:

华润医药商业集团持续推进组织变革,2018 年,为进一步增强集团总部战略运营管控,推动集团总部与北京分公司业务统筹管理,推进北京区域子公司整合,华润医药商业集团对集团总部和北京分公司进行了业务和职能管理架构合并。同时,为了拓展新业务模式,集团总部新增了新渠道事业部、国际业务中心,形成六个业务单元、十个职能部室的总部组织架构,实现"业务专业化,管理职能化"。

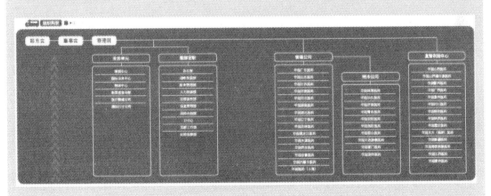

——《华润医药商业集团有限公司 2018 社会责任报告》(P26-27)

二、责任管理（G 系列）

有效的责任管理是企业实现可持续发展的基石。企业应该推进企业社会责任管理体系的建设，并及时披露相关信息。责任管理包括愿景、战略、组织、制度、文化和参与。其中，愿景是社会责任管理的原点和初心，是目标和归属；战略、组织、制度和文化是实现责任愿景的四大管理支柱；参与贯穿于社会责任管理的全流程。六种元素相互影响，相互促进，推动企业社会责任管理持续发展。如图 4-2 所示。

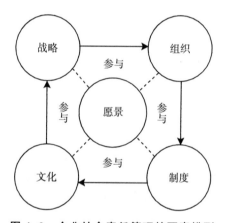

图 4-2　企业社会责任管理的要素模型

（一）愿景（G1）

G1.1　使命、愿景、价值观

【指标解读】：描述企业社会责任工作的使命、愿景和价值观，以及期望达成的目标。

> **示例：**
> 　　我们为股东创造回报、为员工搭建成长平台、为社会创造价值。我们秉持"携手爱　为健康"的社会责任理念，推动我国医药健康产业持续健康发

展，助力实现"健康中国 2030"目标。

　　社会责任愿景：致力于成为中国医药健康产业的引领者。

　　社会责任使命：守护人类健康　提升生命质量。

——《华润医药集团有限公司 2018 社会责任报告》（P10）

G1.2　企业社会责任理念或口号

【指标解读】：优秀的社会责任理念或口号不仅有利于企业责任文化的打造、责任品牌形象的传播，还赋予企业社会责任工作以主题和主线，统领企业社会责任管理与实践，是画龙点睛之笔。

示例：

责任理念

经济责任：携手股东，创造最优企业价值。

员工责任：携手员工，保障幸福工作生活。

客户责任：携手客户，用心赢得满意信赖。

伙伴责任：携手伙伴，开创共赢发展新局。

公共责任：携手公众，促进社会和谐发展。

环境责任：携手环境，建设绿色生态文明。

——《华润医药商业集团有限公司 2018 社会责任报告》（P70）

（二）战略（G2）

G2.1　重大性社会责任议题识别与管理

【指标解读】：描述企业辨识社会责任核心议题的工具和流程，以及企业的核心社会责任议题包括的内容。企业辨识核心社会责任议题的方法和工具包括但不限于：利益相关方调查；高层领导访谈；行业背景分析；先进企业对标；等等。

示例：

　　为提高社会责任实践的针对性和报告披露信息的回应性，华润医药商业通过分析国际和国内社会责任主流标准，并对医药行业多家企业的社会责任管理和实践进行对标，结合华润医药商业的发展战略和规划，梳理出华润医药商业履行社会责任议题，开展社会责任实质性议题分析问卷调查，分析比较不同议题对相关方影响和对公司发展的重要性，识别实质性议题。

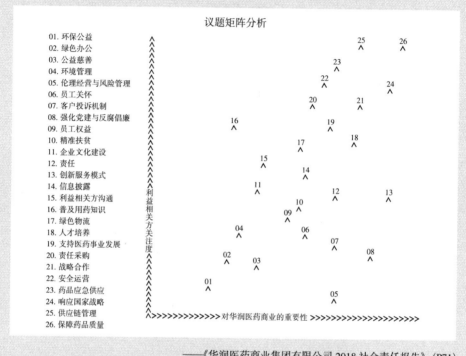

议题矩阵分析

01. 环保公益
02. 绿色办公
03. 公益慈善
04. 环境管理
05. 伦理经营与风险管理
06. 员工关怀
07. 客户投诉机制
08. 强化党建与反腐倡廉
09. 员工权益
10. 精准扶贫
11. 企业文化建设
12. 责任
13. 创新服务模式
14. 信息披露
15. 利益相关方沟通
16. 普及用药知识
17. 绿色物流
18. 人才培养
19. 支持医药事业发展
20. 责任采购
21. 战略合作
22. 安全运营
23. 药品应急供应
24. 响应国家战略
25. 供应链管理
26. 保障药品质量

利益相关方关注度

对华润医药商业的重要性

——《华润医药商业集团有限公司 2018 社会责任报告》(P71)

G2.2　社会责任战略规划与年度计划

【指标解读】：社会责任规划是企业社会责任工作的有效指引。本指标主要描述企业社会责任工作总体目标、阶段性目标、保障措施等。

示例：

华润医药商业制定《"十三五"企业文化和社会责任战略》，将文化建设与社会责任相融合，以成为"社会信赖的大健康服务平台"为责任愿景，以"成为社会公认的履责典范企业"为责任目标，深化责任管理，健全管理制度，完善评价机制，不断充实社会责任内容，持续提升社会责任管理和实践水平。

——《华润医药商业集团有限公司 2018 社会责任报告》(P71)

G2.3 推动社会责任融入企业发展战略与日常经营

【指标解读】：融入发展战略即描述企业在制定发展战略、实施重大决策时，全面分析对社会和环境的影响，识别、跟踪可能存在的风险和隐患，提前谋划、及时应对的措施和过程。融入日常经营即描述企业社会责任理念全面融入企业研发、采购、生产、销售等全过程，融入财务管理、人力资源管理、风险管理等各职能体系，对相关环节和流程进行优化，实现全方位、全过程融合的措施。

> **示例：**
>
> 2018 年，九州通作为湖北省具有影响力的民营上市企业，继续将社会责任作为企业文化的重要组成部分，推广并融入日常运营工作中。在创造经济效益的同时，公司主动承担着保护股东、客户、员工及其他利益相关者的合法权益的责任；公司积极参与公益事业，实现合法、和谐、诚信、负责的企业社会责任目标；公司建立了由党委和董事会秘书处共同领衔的"企业社会责任领导小组"和工作小组，并确定党委、行政总部和人力资源总部作为推进部门，切实加强责任治理、责任融合和责任沟通，推动企业用心做好社会工作，实现社会价值。
>
> ——《九州通医药集团股份有限公司 2018 社会责任报告》(P21)

G2.4 塑造有影响、可持续的责任品牌

【指标解读】：描述企业在打造责任品牌方面的相关考量、计划、实践和成效。

> **示例：**
>
> 2018 年，我们主动"做连接"，携手上下游相关方，发起责任品牌项目——"润·YAO 行动"。我们传递"药润人心 商以载道"的社会责任核心价值，将爱与责任、安全与健康，带到每一个温暖而平凡的你身边。
>
> ——《华润医药商业集团有限公司 2018 社会责任报告》(P8)

（三）组织（G3）

G3.1 企业高层支持和推动社会责任工作

【指标解读】：社会责任是"一把手工程"，企业高层的支持和推动是企业社

会责任发展的重要保证。企业高层领导支持、推动社会责任的方式包括但不限于：在企业社会责任领导机构中担任主要职务，定期听取企业社会责任工作汇报，参与企业社会责任重大活动，为企业社会责任重大项目实施整合资源；等等。

> **示例：**
>
> 本集团一贯严格参照国内外的相关公司法及上市公司治理规则，不断完善集团内部的企业管治结构，致力改善内部控制制度，借以提升集团的管治水平。本集团在董事会及行政总裁蔡东晨先生的带领下，由集团职能部门及事业部协调并落实各项环境、社会及管治的工作。
>
> ——《石药集团有限公司 2018 社会责任报告》(P5)

G3.2   社会责任领导机构及工作机制

【指标解读】：描述由企业高层领导（通常是企业总裁、总经理等高管）直接负责的、位于企业委员会层面的最高决策、领导、推进机构。例如，社会责任委员会、可持续发展委员会、企业公民委员会等，描述其开展工作的相关管理制度、流程和方式等。

> **示例：**
>
> 华润医药商业不断完善组织管理，加强社会责任工作的领导、协调和融合。公司于 2016 年 7 月设立企业文化与社会责任指导委员会，由华润医药商业总经理李向明任委员会主任，华润医药商业管理层其他成员和已通过认证验收的下属省级公司主要负责人担任委员，委员会日常工作机构设在华润医药商业办公室，并在总部各部室、各省级公司、各直管利润中心组建社会责任工作联络人队伍。
>
> ——《华润医药商业集团有限公司 2018 社会责任报告》(P72)

G3.3   社会责任组织体系及职责分工

【指标解读】：社会责任组织体系分为两个内容：明确或建立企业社会责任工作的责任部门；企业社会责任工作部门的人员配置情况。

一般而言，社会责任组织体系包括以下三个层面：

（1）决策层，主要由公司高层领导组成，负责公司社会责任相关重大事项的审议和决策。

（2）组织层，公司社会责任工作的归口管理部门，主要负责社会责任相关规划、计划和项目的组织推进。

（3）执行层，主要负责社会责任相关规划、计划和项目的落实执行。

由于社会责任实践由公司内部各部门具体执行，因此，企业应披露各部门的社会责任职责与分工。

示例：

国药集团设立了社会责任工作领导机构，负责集团社会责任工作的组织领导，社会责任工作领导机构下设日常工作机构，负责协调集团社会责任日常相关工作。集团各部门是社会责任专项工作的管理部门，从本部门职能定位出发，负责制订职能范围内的社会责任相关制度，对社会责任专项工作承担管理职责。各子公司设立社会责任领导小组，负责落实本企业的社会责任工作，明确社会责任归口管理部门。

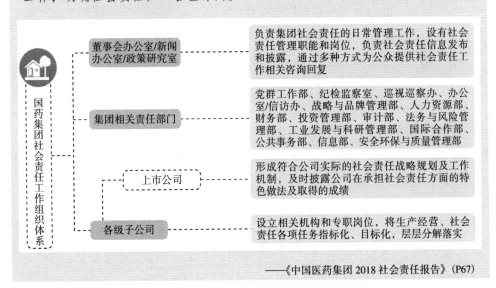

——《中国医药集团2018社会责任报告》（P67）

（四）制度（G4）

G4.1 制定社会责任管理制度

【指标解读】：社会责任工作的开展落实需要有力的制度保证。企业社会责任制度包括社会责任沟通制度、信息统计制度、社会责任报告的编写发布等制度。

示例：

华润医药商业制订《华润医药商业集团有限公司社会责任工作管理办法》，梳理细化工作原则、职责分工、工作流程等。

——《华润医药商业集团有限公司 2018 社会责任报告》（P72）

G4.2 构建社会责任指标体系

【指标解读】：本指标主要描述企业社会责任评价指标体系的构建过程和主要指标。建立社会责任指标体系有助于企业监控社会责任的运行状况。

示例：

完善华润医药商业社会责任工作管理关键绩效体系，包括诚信责任、经济责任、员工责任、客户责任、伙伴责任、环境责任、公共责任七个方面。

——《华润医药商业集团有限公司 2018 社会责任报告》（P72）

G4.3 开展社会责任课题研究

【指标解读】：由于社会责任是新兴课题，企业应根据社会责任理论与实践的需要自行开展社会责任调研课题或参加国内外社会责任标准的制定，把握行业现状和企业自身情况，以改善企业社会责任管理，优化企业社会责任实践。

示例：

2017 年，作为发起企业之一，复星医药完成由中国医药企业管理协会、中国化学制药工业协会、中国医药商业协会、中国中药协会、中国非处方药物协会、中国医药保健品进出口商会、中国医疗器械行业协会、中国外商投资企业协会药品研制和开发行业委员会八大协会开展的"中国医药企业社会责任实践指南"项目，发布《中国医药企业社会责任实施指南》。该项目建立了医药行业科学的、被普遍接受的社会责任指标体系，使全行业形成履行社会责任的健康氛围。

——《复星集团2017年度社会责任报告》(P28)

（五）文化（G5）

G5.1 组织开展社会责任培训

【指标解读】：企业通过组织、实施社会责任培训计划，提升管理层人员和员工的社会责任理念，使企业及个人成为社会责任理念的传播者和实践者。

示例：

华润医药商业通过组织社会责任培训、编写发布社会责任报告、开展下属公司履责优秀案例评选及对外交流沟通等活动，提升全员社会责任履责意识和能力。

——《华润医药商业集团有限公司2018社会责任报告》(P72)

G5.2 开展社会责任考核或评优

【指标解读】：本指标主要描述企业运用社会责任评价指标体系，对履行企业社会责任的绩效进行评价的制度、过程和结果，或对企业内部的社会责任优秀单位、优秀个人评选或优秀实践评选相关制度、措施及结果。

示例：

国药集团注重将社会责任指标体系与各项绩效考核体系紧密结合起来，建立了以财务绩效、国有资产保值增值、战略实施为主的经济责任考核指标，以安全生产、节能减排、质量管理、科技创新、合规经营、廉洁从业为代表的专项考核指标；通过将指标体系分解到企业管理的各个层级，推动社会责任工作的细化落实。

——《中国医药集团2018社会责任报告》(P68)

（六）参与（G6)

G6.1 识别和回应利益相关方诉求

【指标解读】：本指标包含两个方面的内容：

（1）对利益相关方的需求及期望进行调查。

（2）阐述各利益相关方对企业的期望以及企业对利益相关方期望进行回应的措施。

示例：

利益相关方	对公司的期望	我们的回应
政府	合法经营	遵守国家法律法规
	依法纳税	依法足额纳税
	吸纳就业	带动社会就业
员工	保障员工权益	保障基本权益，实施民主管理
	职业发展	加强培训，完善职业发展通道
	员工关爱	关爱员工身心健康
客户	安全运营	保障生产运营的安全
	优质服务	为客户提供优质的服务
合作伙伴	诚信合作	坚持诚信经营
	互利共赢	与合作伙伴搭建战略合作机制
	价值链责任	带动供应链合作伙伴履行社会责任
环境	环境管理	遵守国家环境法律法规
	绿色运营	绿色采购、绿色办公
	绿色宣教	推进环保理念在企业内外的宣贯和落实
社区	加强沟通	发布社会责任报告
	社会贡献	开展公益活动

——《华润医药商业集团有限公司 2018 社会责任报告》(P73)

G6.2 企业主导的社会责任沟通参与活动

【指标解读】：描述企业主导的社会责任内外部沟通机制。内部机制包括但不限于：内部社会责任刊物、网站建立社会责任专栏、社会责任知识交流大会、

CSR 内网等。外部机制包括但不限于：召开及参加利益相关方交流会议、工厂开放日等。

示例：

9月8日，华润医药商业携手旗下山东、江苏、湖南、天津四家省级公司，共同举办首届"公众开放日"活动。员工亲属、周边居民、消费者、合作伙伴、媒体等近300位公众，走进五省（直辖市）的现代医药物流中心，参观流水线，揭秘"一粒药的安全抵达"背后，华润医药商业保障药品安全的担当，并就自己感兴趣的问题与公司管理团队进行座谈交流。公司通过历史文化展板、安全用药问答、质量安全知识角、ins 拍照、测血压等活动与公众展开互动，向公众传递企业文化、社会责任实践、安全用药相关的小知识。对公众而言，医药商业企业相对陌生，此次开放日活动是揭开医药商业企业面纱的一个机会，未来，公司将进一步增进社会沟通，聆听公众声音，持续提升履责水平。

——《华润医药商业集团有限公司 2018 社会责任报告》(P73)

G6.3 机构参与或支持的外界发起的经济、环境、社会公约、原则或其他倡议

【指标解读】：陈述企业参与或支持外界发起的经济、环境、社会类的公约、原则或倡议。

示例：

国药控股高度重视社会责任沟通与交流，积极参加各类社会责任论坛等交流活动，2018 年参加了中国工业经济联合会、上海工业经济联合会组织的社会责任报告发布暨培训会议，现场发布 2017 年度社会责任报告，社会责任报告分别荣获了由中国工业经济联合会颁发的《社会责任报告发布证书》以及由上海企业社会责任建设指导委员会、上海市经济团体联合会、上海市工业经济联合会联合颁发的《社会责任报告发布证书》。

——《中国医药集团 2018 社会责任报告》(P72)

三、市场绩效（M 系列）

市场绩效描述企业在市场经济中负责任的行为。企业的市场绩效责任可分为对自身健康发展的经济责任和对市场其他利益相关方（主要是客户和商业伙伴）的经济责任，如图 4-3 所示。

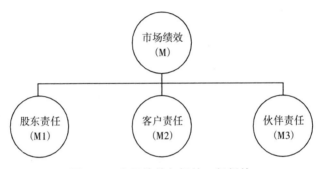

图 4-3　市场绩效包括的二级板块

（一）股东责任（M1）

股东责任主要包括企业安全运行与资产保值增值两个方面，资产保值增值用资产的成长性、收益性和安全性三个指标进行表现。

M1.1　规范公司治理

【指标解读】：本指标主要描述公司的治理结构和治理机制，治理结构指公司"三会一层"及其构成，治理机制包括激励机制、监督与制衡机制等。

示例：

根据《公司法》和公司章程，华润医药商业始终以建立现代企业制度、"依法治企"为经营理念，建立健全法人治理结构，以公司章程为核心，公司已建立"三会一层"（股东会、董事会、监事会及经理层）组织架构设置，股东会、董事会和监事会"三会"权责清晰、相互制衡，经理层接受董事会管理和监事会监督，对董事会负责，负责日常经营管理等事项。2018 年，公司共召开临时股东会会议 12 次，董事会会议 19 次，监事会会议 4 次，总经理办公会 23 次，审议公司"三重一大"等重大经营决策事项。

——《华润医药商业集团有限公司 2018 社会责任报告》(P24)

M1.2　加强风险管理和内控体系建设

【指标解读】：本指标主要描述企业围绕总体经营目标，通过在企业管理的各个环节和经营过程中执行风险管理的基本流程，培育良好的风险管理文化，建立健全加强风险管理和内控体系建设体系，包括风险管理策略、风险理财措施、风险管理的组织职能体系、风险管理信息系统和内部控制系统，持续增强风险抵御能力。

示例：

优化风险管理

编制《2018 年华润医药商业风险管理报告》；建立风险监控指标，加强风险预警；启动风险事件库的更新和完善，增强风险语言的规范性和统一性；开展 2019 年度风险评估，确保应对措施与商业计划的融合。创办《风信》期刊高效宣贯风险文化，有效防范风险。

加强内控建设

2018 年公司风险评估工作涵盖 14 家省公司、15 家直管利润中心，辐射近百家地市级公司，内控自评工作实现主要业务板块的全覆盖，范围包括公司总部和下属 111 家单体公司；对内控手册进行更新升级，在旧版基础上新增 7 个一级职能和 22 个二级职能，同时强化和固化党委在"三重一大"事项中的决策作用；开展内控评价的现场辅导，通过"以练代培"的培训方式培养内控人员。

——《华润医药商业集团有限公司 2018 社会责任报告》(P24)

M1.3　反腐败

【指标解读】：本指标主要描述企业在反腐败和反商业贿赂方面的制度和措施等。

（1）商业贿赂行为是不正当竞争行为的一种，是指经营者为销售或购买商品而采用财务或者其他手段贿赂对方单位或者个人的行为。

（2）商业腐败按对象可以划分为两种类型：一种是企业普通经营活动中的行贿受贿行为，即通常意义上的商业贿赂；另一种是经营主体为了赢得政府的交易机会或者获得某种经营上的垄断特权而向政府官员行贿。

示例：

聚焦纠正"四风"问题和"八项规定"落实，着力于"源头防腐""教育拒腐""监督反腐"，稳步推进公司党风廉政建设和反腐败工作。2018 年，对 9 家省级公司、直管利润中心及地市公司进行现场督察；组织管理团队成员、总部干部职工和系内纪检监察干部 200 余人次开展警示教育活动；组织集团总部、省级公司、直管利润中心全员观看警示教育片《褪色的人生》，员工撰写观后感和心得体会 400 余篇。

——《华润医药商业集团有限公司 2018 社会责任报告》(P22)

M1.4 保护中小投资者利益

【指标解读】： 本指标主要包括保证中小股东的知情权、席位、话语权以及自由转让股份权、异议小股东的退股权等。

示例：

公司定期召开全球投资者电话会议以及开展全球机构投资者路演活动，同时通过上证"E 互动"、投资者热线及电邮方式，对投资者的问题积极进行回应与解答。2018 年，公司与境内外投资者保持了良好的互动，积极参与和接待投资者调研，并于 11 月份在香港举办了反向路演，确保投资者能够及时了解公司的经营业绩与战略规划，全年共计接待投资者近 300 人次。

截至 2018 年 12 月 31 日，上证"E 互动"共收到投资者提问 82 条，公司高度重视并全部及时回复了这些提问。

——《上海医药集团股份有限公司 2018 社会责任报告》(P54)

M1.5 合规信息披露

【指标解读】： 及时准确地向股东披露企业信息是履行股东责任不可或缺的环

节，这些信息包括企业的重大经营决策、财务绩效和企业从事的社会实践活动。

企业应根据《公司法》通过财务报表、公司报告等向股东提供信息。上市公司应根据《上市公司信息披露管理办法》向股东报告信息。

示例：

在信息披露工作方面，公司坚持以投资者需求为导向，以合规为准绳，严格按照中国证监会颁布的《公开发行证券的公司信息披露内容与格式准则第 2 号——年度报告的内容与格式（2017 年修订)》、上海证券交易所发布的《上市公司行业信息披露指引第七号——医药制造》、《关于进一步完善上市公司扶贫工作信息披露的通知》、香港联合交易所发布的《环境、社会及管治报告指引》等要求，积极主动履行信息披露义务，创新方式方法，强化信息披露的时效性和透明度。

自 2018 年 1 月 1 日至 2018 年 12 月 31 日，公司共发布定期报告 4 份（2017 年年度报告，2018 年一季报、中报、三季报），共发布 A 股临时公告 60 份，共发布 H 股公告和文件 87 份。

——《上海医药集团股份有限公司 2018 社会责任报告》(P53)

M1.6　成长性

【指标解读】：本指标即报告期内营业收入及增长率等与企业成长性相关的其他指标。

示例：

2018 年集团主营业务收入 1320.54 亿元人民币，经营规模居全国医药商业企业前三位。

——《华润医药商业集团有限公司 2018 社会责任报告》(P18)

M1.7　收益性

【指标解读】：本指标即报告期内的净利润增长率、净资产收益率和每股收益等与企业经营收入相关的其他指标。

一般来说，利润总额指企业在报告期内实现的盈亏总额，来源于损益表中利润总额项的本年累计数；净利润指在利润总额中按规定缴纳了所得税后公司的利润留存，一般也称为税后利润或净收入；净资产收益率又称股东权益收益率，是净利润与平均股东权益的百分比，是公司税后利润以净资产得到的百分比。

示例：

2018 年，公司实现营业收入 871.36 亿元、扣除非经常性损益后归属于上市公司股东的净利润 12.28 亿元，较上年同期分别增长 17.84%、21.61%。公司实现主营业务收入 869.57 亿元、主营业务利润 74.54 亿元，分别较上年同期增长 17.95% 和 21.60%，主营业务毛利率为 8.57%，较上年同期提升 0.26 个百分点。

——《九州通医药集团股份有限公司 2018 社会责任报告》（P24）

M1.8 安全性

【指标解读】：本指标即报告期内的资产负债率等与企业财务安全相关的其他指标。

示例：

指标	2016 年	2017 年	2018 年
资产负债率（%）	—	81.92	82.23

——《华润医药商业集团有限公司 2018 社会责任报告》（P76）

（二）客户责任（M2）

客户责任板块主要描述企业对客户的责任，包括确保产品质量、提供优质服务、促进科技创新、保护客户基本权益等内容。

M2.1 药品质量管理体系

【指标解读】：本指标主要描述企业产品质量保障、质量改善等方面的政策与措施，包括但不限于通过 ISO9000 质量管理体系认证、成立产品质量保证和改进小组等。

示例：

秉持"质量为先，安全至上"的原则，华润医药商业始终把药品质量放在首位。建立并完善与经营规模和经营范围相适应的药品质量管理体系，加强药品质量风险管控，形成以华润医药商业总部、省级公司/直管利润中心、地市级公司三级协调联动的管理机制。

2018 年，修订《质量管理体系建设条例》《质量信息管理》等16 个总部质量管理制度，修订质量管理体系文件484 个，包括管理制度186 个、岗位职责162 个、操作规程136 个、规范质量表单和电子记录57 套；加强质量文化建设，组织所属企业开展以"加强市场监管 建设质量强国"为主题的"质量月"活动，培育"质量意识深入人心、质量管理深入人心、质量提升深入人心"的良好氛围；"质量管理体系认证证书ISO9001：2015"通过年度监督审核。

——《华润医药商业集团有限公司2018 社会责任报告》(P56)

M2.2 全链条质量管理措施

【指标解读】：本指标主要描述企业在药品采购、储存、运输、销售等重要流通产业链环节保障药品质量安全的制度、措施。

示例：

重点监控生产源头、验收、仓储养护、运输配送和销售各环节，完善从源头采购到销售终端的全链条药品质量安全管理。

药品采购

药品安全第一关键控制点在生产源头，公司对药品供应商实施严格的准入审核制度。采购前，对供货单位和品规严格把关，对首营企业和首营品规实行100%审核，确保供货单位、药品和供货单位销售人员的合法性；采购中，及时索要供货单位的发票，确保票、账、货、款一致。

药品验收

公司对到货的药品有严格的验收规定，严防不合格药品入库。验收人员逐批检查药品的检验报告书，并对药品的外观、包装、标签、说明书和相关的证明文件进行仔细检查、核对，确保入库药品符合验收标准；对冷藏冷冻药品，到货时严查运输方式和运输全程的温度记录，确保运输温度符合药品的要求，拒收不符合温度要求的药品。

存储养护

公司强化仓储环节的质量管理，落实《药品经营质量管理规范》及附录的要求。公司设置常温库区 20.89 万平方米、阴凉库区 71.78 万平方米、恒温库（15℃~25℃）区 1.16 万平方米、低温库（2℃~8℃）区 3.31 万平方米，严格按照药品储存温度要求，采用自动湿度监测系统、空调，对库房温湿度进行实时监测和有效调控；对储存的药品采取避光、遮光、通风、防潮、防虫、防鼠措施，定期按照养护计划对库存药品的外观、包装等质量状况进行养护，确保药品质量。

——《华润医药商业集团有限公司 2017 社会责任报告》（P38-39）

M2.3　药品安全风险管控

【指标解读】：药品安全风险管理是对一系列药物进行警戒行动和干预，旨在识别、预防和减少药品相关风险，是在药品整个生命周期中全面和持续降低风险的过程，旨在实现效益风险最小化。药品安全风险管理的目的在于使药品风险最小化，从而保障公众用药安全。

示例：

为保障冷藏冷冻药品品质，公司建立并完善全程受控的冷链系统，冷链管理能力已达到国际水平。公司建有温度不同的冷藏库，配备 507 辆专业冷藏运输车，为下游客户配送质量安全的药品。建立冷藏冷冻药品运输应急预案，并定期进行应急演练，确保冷藏冷冻药品的运输质量安全。

——《华润医药商业集团有限公司 2017 社会责任报告》（P39）

M2.4　药品质量培训

【指标解读】：本指标主要描述企业为增强员工质量意识、提升员工保障药品质量安全的能力而进行的各类与药品质量相关的培训。

示例：

2018 年，为强化在产品质量管理、经营行为规范、质量风险控制、服务质量提升等方面的人才培养，公司组织开展多项专题活动，持续加强药品、医疗器械等相关法律法规和质量管理知识的宣传教育，进一步提高质量管理岗位员工的风险防范意识及专业技能，夯实公司的质管工作。

——《九州通医药集团股份有限公司 2018 社会责任报告》(P29)

M2.5 过期药品回收与处置

【指标解读】：过期药品会污染环境，如果落到"药贩子"手中被加工并"翻新上市"，还会危害百姓身体健康，扰乱药品市场秩序。因此，企业应该建立过期药品回收与处置的渠道，对过期药品进行统一回收、统一销毁。本指标主要描述企业对过期药品的回收与处置方式。

示例：

6 月 25 日，"润·YAO 行动"首站活动在北京医保全新大药房安定门店拉开帷幕。此次活动以"过期药品回收"为主题，面向居民收集家庭过期药品，集中专业销毁，保障居民用药安全，增强居民管理家庭药品意识。活动共收回过期药品一千多盒，价值三万多元。此外，当天还开展了免费血压检测、医师问诊等活动。未来，北京医保全新大药房将定期携手厂家共同开展家庭过期药品回收工作，建立长效机制，解决过期药品环境污染问题和流入社会非法使用问题。

——《华润医药商业集团有限公司 2018 社会责任报告》(P10)

M2.6 药品召回制度

【指标解读】：当企业发现药品隐患时，必须收集药品安全的相关信息，对可能具有安全隐患的药品进行调查、评估，召回存在安全隐患的药品（药品隐患指由于研发、生产等原因可能使药品具有的危害人体健康和生命安全的不合理危险）。本指标主要描述企业所建立的药品召回制度，如果在报告时间范围内发生过药品召回事件，也应在报告中披露。

示例:

高度关注患者用药安全,各级公司均建立药品召回制度及应急预案,坚持做到药械商品的进销存来源可溯、流向可追、问题可查。对国家监管部门认定的不合格药品、医疗器械停止销售和使用;对供应商明确下发召回通知的产品,准确传达并反馈召回信息,及时控制和回收问题商品,尽责协助召回,保障患者安全。

——《华润医药商业集团有限公司 2018 社会责任报告》(P59)

M2.7　处方药合规销售

【指标解读】:处方药是必须凭执业医师或执业助理医师处方才可调配、购买和使用的药品。这种特殊的商品关系到人民群众的身体健康和生命安全,如果使用不当,会给群众健康带来危害。本指标主要描述企业在处方药销售环节中,严格按照国家相关法律法规,充分了解患者既往用药情况,凭处方销售,真正做到合法、合规。

示例:

在康德乐,我们作为药品经销商的作用是提供一个安全、经济高效的渠道,以提供各种药物,从数百家生产这些药物的制造商,到成千上万的药房分配。我们帮助确保处方者、药师和患者能够获得他们所需的药物(他们需要的时间和地点),因为处方药物(包括处方药)对患者护理至关重要。

不幸的是,滥用处方药的疼痛药物已经导致阿片类流行病,这是一个严重、复杂的公共卫生危机。我们在分销渠道中努力工作,以防止处方药转移。

作为药品分销商,我们不会向公众生产、推广或开具处方药。然而,我们与处方药物供应链的所有参与者(包括监管机构、制造商、医疗保健提供商、药师、保险公司和患者)一起,在帮助预防类阿片流行病方面发挥着有限和重要的作用。

——*Cardinal Health 2018 Corporate Citizenship Report*(P17)

M2.8　确保药品宣传合规真实

【指标解读】:药品广告和宣传的内容必须符合 《广告法》及国家相关法律法

规，保证药品广告真实、合法、科学。

M2.9　创新医药零售服务

【指标解读】：本指标主要描述企业通过各种方式，积极创新医药零售服务，为客户提供更便捷、更贴心的服务的措施和成效。

示例：

秉持以客户为中心的大健康经营理念，华润医药商业以发展专业药店及社区连锁药店为核心业务，持续打造具有竞争力的专业化 DTP 服务体系、整合供应链资源，发展多元化经营、探索利用互联网商务技术衔接实体门店的交互发展模式（O2O），为顾客提供安全、有效、经济、便捷和关爱的全渠道健康服务，满足顾客及其家庭对健康的多层次需求，实现传统药店经营模式向现代化经营模式的转型。

——《华润医药商业集团有限公司 2018 社会责任报告》（P32）

M2.10　运输包装完好率

【指标解读】：运输包装完好率=（药品在运输过程中的包装完好件数/包装总件数）×100%。

M2.11　冷藏和专用设备达标率

【指标解读】：冷藏和专用设备达标率=（企业药品冷藏专用设备达标台数/设备总台数）×100%。

M2.12　冷藏药品运输温度控制合格率

【指标解读】：冷藏药品运输温度控制合格率=（冷藏药品储存温度检测合格次数/温度检测总次数）×100%。

M2.13　现代医药物流体系建设

【指标解读】：现代医药物流体系建设是指企业依托一定的现代化物流设备、技术和物流信息系统，有效整合营销渠道上下游资源，通过优化药品供销配送环节中的验收、存储、分拣、配送等作业过程，有效提高订单处理能力，降低货物分拣差错，缩短库存及配送时间，减少物流成本，提高服务水平和资金使用效益，实现物流管理和作业的自动化、信息化和效益化。本指标旨在披露企业为打造现代医药流通体系建设所采取的措施和取得的成效。

示例：

公司以良好的客户体验为目标，以客户满意度为标准，不断加大在现代物流技术与服务等方面的创新投入，现有技术研发人员九百余人。目前，公司在全国投资布局的 127 个医药物流配送中心，根据不同的功能需求，均采用了现代物流设施、设备，及与之相匹配的物流管理系统和信息管理系统。通过技术上的创新突破，公司形成了仓储管理系统（WMS）、设备控制系统（WCS）、运输管理系统（TMS）三大自主研发成果，并取得相关 291 项计算机软件著作权，可以满足客户多批次、多品规、小批量、大物流量的要求，在保持较低的物流成本和具有很高的运行效率的条件下，服务广大客户群体。

——《九州通医药集团股份有限公司 2018 社会责任报告》（P30）

M2.14　综合物流服务能力

【指标解读】：本指标主要描述可以反映公司综合物流服务能力的指标，包括物流中心数量、仓储面积、拥有配送车辆数等。

示例：

一体化运营能力

● 200 余人医药物流专业管理团队

● 500 余人医药物流技术骨干

● 国内首家医药物流技术研究院

● 无人仓、大数据、物联网应用

完整的配送网络

● 127 座 220 万平方米 GSP 仓库

● 500 余人医药物流技术骨干

● 国内首家医药物流技术研究院

● 无人仓、大数据、物联网应用

一体化的冷链物流解决方案

● 全程可追溯冷链平台

● 265 个冷库

● 200 余台冷链车

● 65000 平方米冷库

——《九州通医药集团股份有限公司 2018 社会责任报告》(P31)

M2.15 账货相符率

【指标解读】：账货相符率=(经盘点后库存物品账货相符的品规批次数/储存物品总品规批次数)×100%。

示例：

指标	2016 年	2017 年	2018 年
账货相符率（%）	≥99.99	>99.93	>99.92

——《华润医药商业集团有限公司 2018 社会责任报告》(P77)

M2.16 货物准时送达率

【指标解读】：货物准时送达率=(考核期内按时送达目的地的订单量/订单总量)×100%。

示例：

指标	2016 年	2017 年	2018 年
货物准时送达率（%）	≥99.99	>98.51	>98.50

——《华润医药商业集团有限公司 2018 社会责任报告》(P77)

M2.17 出库差错率

【指标解读】：出库差错率=(考核期内累计出库差错笔数/出库总笔数)×100%。

M2.18 药品储备及应急供应机制

【指标解读】：本指标主要描述企业科学合理储备药品、医疗器械等，在重大灾情、疫情和突发事故发生时提供应急供应服务的制度、措施等。

示例：

华润医药商业集团始终坚守"药品与人品同重""爱心与责任同重"的理念，数十年如一日承担急救抢救药品、应急医疗器械供应和地方储备任务。建立"应急药品储备中心""24 小时急救班"等应急保障机构，遵循"快速反应、质量第一、确保安全、及时到位"的基本原则，保障医疗机构和病患的特殊用药需求。多年来，公司不断规范药品紧急配送服务，提高应急管理能力，在国家历次重大活动、重大公共卫生事件和灾情、疫情面前，全力保障药械供应，多次受到政府表彰和社会赞誉。

——《华润医药商业集团有限公司 2017 社会责任报告》（P41）

M2.19　基层和边远地区药品供应保障

【指标解读】：本指标主要描述企业保障基层和边远地区药品供应的制度、措施等。

示例：

华润医药商业积极践行"拓展医药保健事业空间，提高生命健康保障"的企业使命，积极为边远地区提供药品供应服务，彰显央企责任。

——《华润医药商业集团有限公司 2018 社会责任报告》（P61）

M2.20　供应链信息支持及创新服务

【指标解读】：本指标主要描述企业为公司及上下游厂家、医疗机构、政府、行业协会等生态圈提供信息支撑、系统优化和服务创新的制度、措施和成效。

示例：

作为全国药品配送的领军企业，公司积极推动信息化建设，从药品采购、仓储保管、冷链配送、交付等供应链环节，用信息化的力量保障老百姓及时用上安全可靠的药品，同时为上下游客户提供多元化信息智能产品及服务。

● 批发 ERP 系统 26 省份全覆盖，通过信息化系统严格管理企业日常采购及销售行为，杜绝非法不合规的药品流入市场，给百姓造成生命财产安全隐患。

● 零售 ERP 系统覆盖超全国 500 家门店，为客户实现 24 小时安全购药，更为患者提供了在线下单、自助购药、用药指导及提醒服务。

● WMS 仓库管理系统 127 家仓储中心全覆盖，以严谨、规范的操作流程为指引，从药品采购验收、药品上架、库内保管、订单拣选、车辆调度配送、客户签收等环节全程对药品进行信息追溯、状态数据收集，以确保及时安全地送达目标客户。

● 医院物流延伸 HLI、NHLI 系统覆盖全国超 300 家医疗机构，为医疗机构提高院内药品流转效率，保障院内药品存储安全符合国家 GSP 管理要求，同时利用系统零库存服务降低医疗机构药品采购成本占用及人力成本。进一步帮助医院释放医师资源，更好地回归临床服务患者。

● 厂家数据直连系统为 13 家上游厂家提供药品流向数据查询服务，保证药品流通渠道监管的透明，杜绝不合规业务带来的安全隐患。

——《华润医药商业集团有限公司 2018 社会责任报告》（P39）

M2.21 确保数据安全

【指标解读】：本指标主要描述企业为确保交易数据和机密数据等安全，加大安全投入、加强信息安全防范的制度、措施和成效。

M2.22 新增知识产权数

【指标解读】：知识产权是指人们就其智力劳动成果所依法享有的专有权利，通常是国家赋予创造者对其智力成果在一定时期内享有的专有权或独占权，包括商标权、专利权、著作权等。本指标主要描述报告期内企业新增的知识产权数量。

M2.23 客户信息保护

【指标解读】：该指标主要描述企业保护客户信息安全的理念、制度、措施及绩效。企业不应以强迫或欺骗的方式获得任何有关客户及消费者个人隐私的信息；除法律或政府强制性要求外，企业在未得到客户及消费者许可之前，不得把已获得的客户及消费者私人信息提供给第三方（包括企业或个人）。

示例：

高度重视客户信息保护，制定全面的客户信息保护制度，明确保护行为规范、提供标准操作流程，并制定违反要求的制裁措施，杜绝客户信息外泄的情况发生。同时，加强对员工进行客户信息安全培训，提升安全意识。

——《华润医药商业集团有限公司 2018 社会责任报告》（P40）

M2.24　主动售后服务体系

【指标解读】：本指标主要描述在产品出售以后所提供的各种服务活动。随着消费者维权意识的提高和消费观念的变化，消费者不再只关注产品本身，在同类产品的质量与性能都相似的情况下，更愿意选择拥有优质售后服务的公司。

示例：

优化以客户为中心的客服运营管理，公司除了在销售前严格把控产品质量，更不断健全售后服务体系，优化客服运营管理，做好包括 24 小时客服热线、网络视频对话系统、线上体验反馈、退换货、质量跟踪、维修、产品宣导与推广服务等各项售前售后服务工作。2018 年，公司业务部门受理信息总量 26770 条、回访总量 17515 条、客户调研 23103 例，客户满意度高达99.4%。

——《九州通医药集团股份有限公司 2018 社会责任报告》（P31）

M2.25　积极应对消费者投诉

【指标解读】：本指标描述企业应对客户因对企业产品质量或服务的不满意，而提出的书面或口头上的异议、抗议、索赔和要求解决问题等行为时采取的措施。

示例：

制定《质量投诉管理制度》《质量投诉处理程序》等客户投诉管理制度，以"首问负责制"为原则建立投诉处理机制，认真对待客户意见，详细记录客户需求，按照投诉类、建议类、咨询类三种不同类型及时采取不同、有效措施解决问题，提升企业形象，维护客户对公司的满意度和忠诚度。

——《华润医药商业集团有限公司 2018 社会责任报告》（P41）

M2.26 客户有效投诉率

【指标解读】：客户有效投诉率＝（客户投诉成功的次数/客户投诉总数）×100%。

示例：

指标	2016 年	2017 年	2018 年
客户有效投诉率（%）	≤0.01	<0.094	<0.05

——《华润医药商业集团有限公司 2018 社会责任报告》(P77)

M2.27 客户投诉解决率

【指标解读】：客户投诉解决率＝（投诉解决量/投诉总量）×100%。

示例：

指标	2016 年	2017 年	2018 年
客户投诉解决率（%）	100	100	100

——《华润医药商业集团有限公司 2018 社会责任报告》(P77)

M2.28 客户满意度

【指标解读】：本指标指企业进行的客户满意度调查和最终的调查结果。

示例：

建立客户满意度定期调查反馈制度，定期对顾客满意情况进行调查，及时了解消费者对品牌的认知、产品质量评价、销售服务质量、运输服务质量等，致力于为顾客提供更专业、快速、精准、热情、优质的服务。2018 年，客户满意度>99.23%。

——《华润医药商业集团有限公司 2018 社会责任报告》(P41)

（三）伙伴责任（M3）

M3.1　诚信经营

【指标解读】：本指标主要描述确保企业对客户、供应商、分包商以及其他商业伙伴诚信的理念、制度和措施。

> **示例：**
>
> 国药集团以诚信经营作为企业生存和发展的根本原则，不断强化集团及所属企业的诚信意识和行为，确保在提供符合客户要求的服务、产品的同时，履行基本社会责任。在国药集团，诚信分为三个层次：第一层为诚信地贯彻经营理念及行为准则；第二层为诚信地遵守社会常识；第三层为诚信地执行法律和法规。三重诚信，层层递进，造就值得信赖的国药集团。
>
> ——《中国医药集团 2018 社会责任报告》（P37）

M3.2　经济合同履约率

【指标解读】：本指标主要反映企业的管理水平和信用水平。经济合同履行率＝（截至考核期末实际履行合同份数/考核期应履行合同总份数）×100%。

> **示例：**
>
> | 指标 | 2016 年 | 2017 年 | 2018 年 |
> | --- | --- | --- | --- |
> | 经济合同履约率（%） | 100 | 100 | 100 |
>
> ——《华润医药商业集团有限公司 2018 社会责任报告》（P77）

M3.3　公平竞争

【指标解读】：本指标主要描述企业保障与竞争者之间公平、公开竞争的制度或措施。

> **示例：**
>
> 国药集团所处的医药行业处于高度竞争状态，作为国内领军的大型医药健康产业集团，我们坚决反对垄断等违法行为和各种不正当竞争行为，严格

遵守《反不正当竞争法》等法律法规，积极维护健康的市场秩序，相关交易均遵守市场规则，做到公开、公平、公正。集团公司及所属企业始终坚持在参与竞争的过程中不采用不道德的手段获取利益，坚决杜绝违反公平竞争理念的违法违纪行为，以此实现取信于社会的经营发展。

——《中国医药集团 2018 社会责任报告》（P37）

M3.4　战略共享机制和平台

【指标解读】：本指标主要描述企业与合作伙伴（商业和非商业的）建立的战略共享机制及平台，包括但不限于以下内容：长期的战略合作协议；共享的实验基地；共享的数据库；稳定的沟通交流平台等。

示例：

作为医药流通行业的领先企业，华润医药商业积极搭建行业交流合作平台，凭借专业、高效的配送服务及强大的渠道覆盖能力，积极与上游厂家、国内外优秀企业等加强合作交流，实现互利共赢。2018 年，公司与 BD、同仁堂科技、参天（中国）、贝达药业、歌礼生物、康弘药业、北京航天总医院、吉利德科学等 50 余家企业签署战略合作协议，至此，与近万个厂家建立合作关系，经营品种超 8 万个。

——《华润医药商业集团有限公司 2018 社会责任报告》（P48）

M3.5　尊重和保护知识产权

【指标解读】：本指标主要描述企业尊重和保护其他企业和个人就其智力劳动成果所依法享有的专有权或独占权。2017 年 4 月 24 日，最高法院首次发布 《中国知识产权司法保护纲要》。

M3.6　助力行业发展

【指标解读】：本指标主要描述企业利用其在价值链和行业中的影响力，发挥自身综合优势，制定与完善行业标准、创新与推广行业技术、构筑与拓展交流平台、引进与培养行业人才。

示例：

公司在发展过程中，专注于医药健康产业的现代化和规范化，不断加大在"互联网+大健康"、医药电子商务、现代物流技术与服务、物联网、大数据、云计算、医药生物研发、医院管理系统、智慧养老等方面的创新投入，努力推动行业的合作和可持续发展。

——《九州通医药集团股份有限公司 2018 社会责任报告》（P32）

M3.7 针对供应商的社会责任政策、倡议和要求

【指标解读】：本指标描述企业为推动供应商履责制定的理念、制度和措施等。

示例：

国药集团将伙伴合作视为基业长青的重要条件，并以价值链建设为导向，开展供应链管理，分享发展经验，引导供应商主动践行社会责任，带动产业链上下游协同发展；同时，坚持"诚实守信、互惠共赢"的采购原则，在对供应商和客户进行甄选时，将道德、环境等社会责任要求融入企业的采购、配送等过程中，推动市场健康发展。集团所属企业推行供应商资格准入制度，从合规经营、产品质量、信用状况等方面对供应商进行审核，建立了供应商白名单和黑名单，塑造了一条高效稳妥、互利共赢的健康产业供应链。

对合作伙伴履责状况和信用体系进行评估，以规避社会责任管理风险

向合作伙伴宣传国药文化，以不断推广社会责任理念，提高社会责任意识

倡议合作伙伴行为合法合规，以推进合作伙伴遵守法规

敦促合作伙伴遵守合同履约，以推进合作伙伴诚信经营

——《中国医药集团 2018 社会责任报告》（P41）

M3.8 因为社会责任不合规被否决的潜在供应商数量

【指标解读】：本指标指报告期内企业统计的未通过社会责任评价而被否决的

未合作的供应商数量。

M3.9　供应商社会责任日常管理机制

【指标解读】：本指标主要描述企业对供应商社会责任的日常管理制度或措施。

> **示例：**
>
> 互利共赢是供应商管理的基础，集团鼓励下属企业与供应商建立有效的社会责任绩效考核与沟通机制，通过与供应商约谈及培训、跟踪改善等方式，引导供应商关注资源保护、安全生产、绿色采购等，带动供应商共同履责；推动供应商考核制度建立，促进供应商产能、管理、生产质量的提升，实现共同发展。
>
> ——《华润集团 2018 年社会责任报告》（P78）

M3.10　供应商社会责任审查的流程与方法

【指标解读】：本指标主要描述企业对供应商、经销商等价值链上下游合作伙伴进行社会责任审查的制度、体系、方法和频率等。

M3.11　报告期内审查的供应商数量

【指标解读】：本指标主要描述企业报告期内社会责任审查覆盖的供应商总量。

> **示例：**
>
> **2017 年本集团主要制药成员企业供应商管理情况**
>
> | 成员企业 | 桂林南药 | 万邦医药 | 奥鸿药业 | 二叶制药 | 药友制药 |
> |---|---|---|---|---|---|
> | 供应商总数量（家） | 317 | 655 | 60 | 256 | 394 |
> | 年度回顾涉及供应商数量（家） | 301 | 533 | 60 | 161 | 133 |
> | 回顾供应商数量/总供应商数量（%） | 95.00 | 81.40 | 100 | 62.90 | 33.70 |
> | 供应商审计方式 | 现场审计和书面审计结合 | 现场审计和书面审计结合 | 现场审计和书面审计结合 | 现场审计和书面审计结合 | 现场审计和书面审计结合 |
>
> 说明：
> ①万邦医药数据包含万邦医药体系内所有成员企业数据。
> ②药友制药数据包含药友制药体系内所有成员企业数据。
>
> ——《复星集团 2017 年度社会责任报告》（P49）

M3.12　因为社会责任不合规被终止合作的供应商数量

【指标解读】：本指标主要描述报告期内因社会责任不合规而终止合作的供应商数量。

M3.13　供应商社会责任绩效考核与沟通

【指标解读】：本指标主要描述企业定期按照社会责任的相关政策和标准，对供应商的社会责任绩效进行考核，并结合考核结果，进行针对性沟通，帮助供应商发现社会责任短板，提升可持续发展能力。

示例：

华润怡宝实施供应商日常月度考核、年度考核，根据考核结果对供应商的供应商份额进行月度、年度奖惩。对原辅料进行 100%质量管控，从材料供应、入库、仓库储存及生产过程进行全过程质量监控月度考核，并记入日常供应考核。每月一对一通报供应商月度考核结果，督促供应商在供应、质量、安全方面积极改善；并将供应商月度、年度考核结果应用到采购环节，实现供应商闭环管理。2018 年供应商大会上对优秀合作供应商进行公开表彰，起表率作用。2018 年供应商整改完成率达 93.1%，公司物料合格率达 99.56%。

——《华润集团 2018 年社会责任报告》(P78)

M3.14　供应商社会责任培训

【指标解读】：本指标主要描述通过专项培训、开展宣传教育活动等方式对供应商、经销商等价值链合作伙伴进行社会责任意识培养和能力提升，助力其更好履行社会责任。

示例：

2015 年 9 月，华为举办了以"共建学习型供应链，加速可持续商业生态"为主题的年度供应商可持续发展大会，吸引了 220 多位嘉宾参会。会上，华为高级副总裁兼首席供应官梁华强调要将可持续发展思维融入产品生命周期和价值链，鼓励供应商在生命周期的各个阶段识别改进机会点，提升产品与服务的竞争力，并指出华为将对可持续发展表现优异的供应商给予更

多的业务机会。

——《华为投资控股有限公司 2015 年社会责任报告》(P51)

M3.15　供应商社会责任培训绩效

【指标解读】：本指标描述企业报告期内供应商培训绩效，包括但不限于时长、人次、数量等。

M3.16　开展药械流通领域国际合作

【指标解读】：本指标主要描述企业与国际相关医药企业（商业和非商业的）开展项目合作，签订战略协议等，积极参与全球医药流通行业治理，推动形成深度交融的互利合作格局。

示例：

2014 年 12 月 11 日，厄瓜多尔首都基多当地时间下午，国药国际与厄瓜多尔卫生部签署了医疗器械设备打包供应项目合同。该项目是厄瓜多尔卫生部与中国企业合作开展的第一个医疗器械整体打包供应项目，项目实施范围覆盖厄瓜多尔全国 120 多家医院及医疗中心，实施内容涉及医疗器械的供货、安装、培训以及维护服务等各个环节。

——《中国医药集团 2014 社会责任报告》(P43)

四、社会绩效（S 系列）

社会绩效主要描述企业对社会责任的承担和贡献，主要包括政府责任、员工责任、安全生产和社区责任四个方面的内容（见图 4-4）。其中，政府责任是现阶段我国企业履行社会责任的重要内容之一，主要描述企业响应政府号召，对政府负责的理念、制度、措施和绩效。员工责任主要描述企业对员工负责，保障员工权益，助力员工成长的理念、制度、措施、绩效和典型案例。社区责任主要描述企业对社区的帮助和贡献。

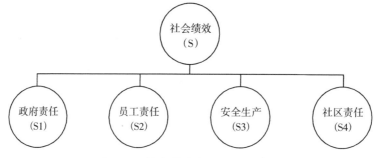

图 4-4　社会绩效包括的二级板块

（一）政府责任（S1）

政府责任主要包括守法合规和政策响应两个部分。

S1.1　守法合规体系建设

【指标解读】：本指标主要描述企业的法律合规体系，包括守法合规理念、组织体系建设、制度建设等。合规通常包括两个方面：①遵守法律、法规及监管规定；②遵守企业伦理和内部规章以及社会规范、诚信和道德行为准则等。"合规"首先应做到"守法"，"守法"是"合规"的基础。

> **示例：**
>
> 　　国药集团重视合规管理，将 2018 年作为"合规管理年"，指导子公司明确合规细则和管控流程，排查合规隐患，明确合规"三维一体"齐抓共管的工作职责，明确总经理是合规第一责任人，财务总监是合规监管责任人，分管业务副总是合规直接责任人，确保集团经营管理行为合法合规。
>
> 　　　　　　　　　　　　——《中国医药集团 2018 社会责任报告》（P39）

S1.2　守法合规培训

【指标解读】：本指标主要描述企业组织的守法合规培训活动，包括法律意识培训、行为合规培训等。

> **示例：**
>
> 　　华润医药商业集团坚持用法治思维和法治方式深化改革，不断完善合规管理体系建设。积极推进以信息化手段管理法律事务，强化合同信息管理；

通过编制合规手册、开展合规培训等方式，提高全体员工的守法合规意识，促进公司合规经营。2017 年，公司持续开展以"深植合规理念　坚守合规底线"为主题的合规培训工作，覆盖 13 家公司 437 人。

——《华润医药商业集团有限公司 2018 社会责任报告》(P25)

S1.3　纳税总额

【指标解读】：本指标指企业在报告期内纳税的总额度。

示例：

2018 年，公司纳税总额 15.54 亿元。

——《九州通医药集团股份有限公司 2018 社会责任报告》(P26)

S1.4　积极响应医药卫生体制改革

【指标解读】：本指标主要描述企业积极响应医疗卫生体制改革的行动和绩效。

示例：

华润医药商业积极顺应"两票制"等医疗政策，加快专业化、规模化、一体化的现代物流体系建设。为促进公司物流业务从单一节点迈向集团间整体战略合作，2018 年，集团成立物流中心，并将其作为公司六大业务单元之一。中心积极推进北京、上海、广州总仓建设，加强北京优你特等物流重点项目建设，发力三方物流建设，不断提升物流中心核心竞争力。目前公司拥有物流中心 170 个，总仓面积 108.69 万平方米。

——《华润医药商业集团有限公司 2018 社会责任报告》(P30)

S1.5　药械购销票据规范管理

【指标解读】：本指标主要描述企业积极应对"两票制"改革，在药械购销中对票据进行规范管理的制度、措施等。

S1.6　带动就业

【指标解读】：本指标主要描述企业为带动就业的制度或措施，包括但不限于：通过兴办产业或拓展经营增加就业岗位；扶持失业人员和残疾人就业等。

示例：

国药集团积极贯彻落实国家相关政策，切实做好毕业生接收、留学归国人员引进、军转安置、京外调配、解决夫妻两地分居等工作，不断补充和储备各类专业人才，发挥他们在各专业技术领域的优势和突出特点，使其成为企业发展的骨干力量。中国中药作为集团中药产业板块平台，多年来，坚持将实现高质量发展与带动就业有机结合，从 2016 年起，通过中药产业园的全国布局，先后在山东、浙江、云南、湖南、重庆、陕西、黑龙江、四川、江西、甘肃、广东、贵州、安徽、吉林等省市建设、扩建专业中药材生产基地，在不断发展完善中药产业链上游业务的同时，吸引了 1250 名新员工进入公司工作，有效带动了各地区社会就业。

——《中国医药集团 2018 社会责任报告》（P48）

S1.7 报告期内吸纳就业人数

【指标解读】：本指标主要指企业在报告期内吸纳的就业人数，包括但不限于应届毕业生、社会招聘人员、军转复员人员、农民工、劳务工等。

示例：

指标	2016 年	2017 年	2018 年
报告期内吸纳就业率（%）	19.19	21.35	24.5

——《华润医药商业集团有限公司 2018 社会责任报告》（P76）

（二）员工责任（S2）

员工责任主要包括员工基本权益保护、薪酬福利、职业健康、员工发展和员工关爱等内容。

S2.1 员工构成情况

【指标解读】：员工构成情况，包括但不限于：男女员工人数和比例；少数或其他种族员工人数和比例；残疾人雇佣人数和比例；等等。

示例：

九州通严格遵守《劳动法》《劳动合同法》《社会保险法》等相关法律法规，维护员工合法权益。保护女性员工、残疾员工、未成年工和少数民族员工的合法权益，不招收童工，不安排未成年职工、女职工从事禁忌的劳动或超强度的劳动。截至 2018 年 12 月 31 日，公司在职员工人数为 26119 人，其中大专及以上学历员工比例为 57%，50 岁以下员工比例为 99%。在 2018 年九州通员工结构中，女性员工比例占员工总人数的 44.05%，其中女性管理人员占全部管理人员的 31.5%，残疾员工占员工总人数的 0.11%，少数民族员工占到 3.35%。

——《九州通医药集团股份有限公司 2018 社会责任报告》（P44）

S2.2 平等雇佣

【指标解读】：本指标主要描述企业为保障平等雇佣制定的制度或采取的措施。

示例：

国药集团始终坚持平等雇佣的就业原则，严格遵守国家劳动法律法规，规范劳动合同管理，理解、尊重和保护员工的习俗、信仰及隐私，抵制任何形式的不平等待遇，奉行公平、公开、公正的用工政策，杜绝因年龄、性别、婚姻状况、伤残、民族、国籍等因素歧视员工或求职者。

——《中国医药集团 2018 社会责任报告》（P46）

S2.3 劳动合同签订率

【指标解读】：本指标指报告期内企业员工中签订劳动合同的比率。

示例：

2018 年，公司劳动合同签订率达到 100%。

——《华润医药商业集团有限公司 2018 社会责任报告》（P46）

S2.4 民主管理

【指标解读】：根据《公司法》《劳动法》《劳动合同法》等规定，企业实行民主管理主要有以下三种形式：职工代表大会；厂务公开；职工董事、职工监事。此外，职工民主管理委员会、民主协商、总经理信箱等也是民主管理的重要形式。

示例：

国药集团依法保障员工参与民主管理、民主决策、民主监督的权利，充分发挥职工代表大会、工会的职能和作用，拓宽员工参与民主管理的渠道和范围，完善厂务公开制度，支持员工参与公司决策、经营和日常管理，切实保障员工的知情权、表达权、参与权和监督权。共青团组织坚持服务企业发展、服务青年成长，积极开展青年职工思想政治工作，通过形式多样的活动，组织、动员、引领广大团员青年认清使命、振奋精神。

——《中国医药集团 2018 社会责任报告》(P51)

S2.5 女性管理者比例

【指标解读】：本指标指女性管理者与管理者总数之比，管理者主要指中层以上人员。

示例：

女性管理者比例为 39.54%。

——《中国医药集团 2018 社会责任报告》(P46)

S2.6 保护员工隐私

【指标解读】：员工具有工作隐私权，赋予员工隐私权是对雇员人格尊严的尊重。企业应建立覆盖招聘、考核等各人力资源管理环节的隐私管理体系。

示例：

国药集团妥善保管所有员工档案和人事信息，制定并实行严格保密措施，确保员工信息的安全；对员工的网络 IP 和电子邮件信息进行保密，自觉保护员工的隐私权，把保护员工隐私的理念融入企业各项管理规定中，建立以尊重、保护员工隐私为内涵的企业文化。

——《中国医药集团 2018 社会责任报告》(P47)

S2.7　反强迫劳动和骚扰虐待

【指标解读】：强迫劳动指以限制人身自由方法强迫职工劳动；骚扰虐待指践踏员工的尊严，侵犯员工的合法权利，寻衅滋事等行为。

> **示例：**
>
> 　　九州通严格遵守《劳动法》《劳动合同法》《社会保险法》等相关法律法规，维护员工合法权益。保护女性员工、残疾员工、未成年工和少数民族员工的合法权益，不招收童工，不安排未成年职工、女职工从事禁忌的劳动或超强度的劳动。
>
> 　　　　　　　　　　——《九州通医药集团股份有限公司2018社会责任报告》(P44)

S2.8　多元化和机会平等

【指标解读】：员工多元化关注的重点是，具有不同文化背景和不同需要的人，是否得到了符合他们能力的工作机会。

多元化可以分为表层多元化和深层多元化：

（1）表层多元化是直观的表象，比如性别、高矮胖瘦、教育状态、收入状态和婚姻状态等都是表层的多元化；

（2）深层的多元化是指员工的潜质、价值观和经历等，有些表层多元化容易改变，但深层多元化则不太容易改变。

示例：

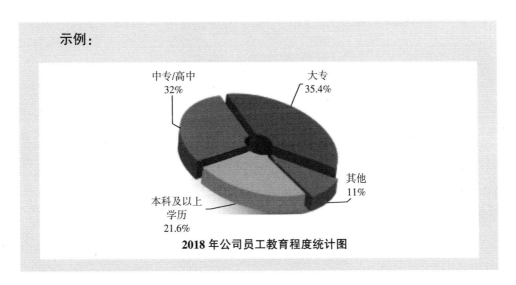

2018年公司员工教育程度统计图

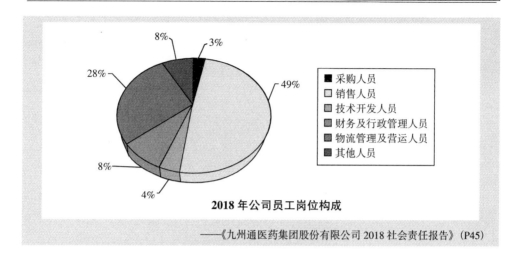

2018 年公司员工岗位构成

- ■ 采购人员
- □ 销售人员
- 技术开发人员
- 财务及行政管理人员
- 物流管理及营运人员
- 其他人员

——《九州通医药集团股份有限公司 2018 社会责任报告》（P45）

S2.9 每年人均带薪年休假天数

【指标解读】：带薪年休假是指劳动者连续工作一年以上，就可以享受一定时间的带薪年假。其中，职工累计工作已满 1 年不满 10 年的，年休假 5 天；已满 10 年不满 20 年的，年休假 10 天；已满 20 年的，年休假 15 天。具体操作可参考现行的《职工带薪年休假条例》。

示例：

指标	2016 年	2017 年	2018 年
人均带薪休假天数（天/年）	4.75	5.96	6.1

——《华润医药商业集团有限公司 2018 社会责任报告》（P77）

S2.10 薪酬与福利体系

【指标解读】：本指标主要描述企业为员工制定的薪酬和福利体系。员工的福利是员工的间接报酬，包括但不限于为减轻员工生活负担和保证职工基本生活而建立的各种补贴、为职工生活提供方便而建立的集体福利设施、为活跃职工文化生活而建立的各种文化体育设施等。

示例：

公司坚持以职位、能力、业绩及市场为导向的薪酬支付理念，结合公司的发展，不断健全员工收入正常增长机制和托底机制，提高企业员工收入水平。

公司根据岗位特点，分类构建了具有差异化的管理人员、市场营销人员、研发人员、技术质量管理人员和生产人员薪酬体系，有效调动全体员工工作积极性和创造性，持续提升公司业绩，促进了公司战略目标的实现。

结合企业的发展，公司积极完善员工的福利体系，部分企业建立了商业医疗保险、补充公积金、企业年金等福利项目。

——《上海医药集团股份有限公司 2018 社会责任报告》(P55)

S2.11 职业健康管理

【指标解读】：本指标主要描述企业针对员工职业健康的保障措施和绩效，包括正式员工中年度体检的覆盖率和职业健康档案的覆盖率等。

示例：

集团总部注重对员工身体健康的保护，每年组织接种疫苗，定期组织健康体检；所属各级子企业严格按照国家 GMP、GSP 等管理规定，定期组织员工进行健康体检，并建立员工健康档案。

——《中国医药集团 2018 社会责任报告》(P48)

S2.12 工作环境和条件保障

【指标解读】：工作环境和条件指职工在工作中的设施条件、工作环境、劳动强度和工作时间的总和。

示例：

进一步推进职业卫生基础建设，检查督促涉及职业病危害因素生产企业从源头上控制和消除危害因素，改善和更换陈旧落后的生产设备。为提高企业生产设施的安全性，从源头上控制和消除危害因素，各企业加大了安全投入，改善和更换陈旧落后的生产设备。投资控股企业继续推进国家明令规定淘汰的陈旧落后设备，并提前制定整改造计划，早做准备，跟踪推进。

——《上海医药集团股份有限公司 2018 社会责任报告》(P57)

S2.13　员工心理健康援助

【指标解读】：企业需针对员工心理健康进行适当的关注和引导。员工心理健康是企业成功的必要因素，企业有责任营造和谐的氛围，帮助员工保持心理健康。

示例：

健全员工健康管理体系，持续推进员工心理健康建设，每年定期组织健康体检，举办健康知识讲座，引导健康生活理念。

——《华润医药商业集团有限公司 2018 社会责任报告》(P52)

S2.14　员工培训体系

【指标解读】：员工培训体系是指在企业内部建立一个系统的、与企业的发展以及员工个人成长相配套的培训管理体系、培训课程体系、培训师资体系以及培训实施体系。

示例：

公司全面落实人才培养工程，关注员工素质能力的提升，搭建由"新锐计划""蓄锐计划"和"精锐计划"组成的全方位、分层次的人才培训体系；2018 年，公司修订了《华润医药商业集团有限公司内部讲师管理办法》，进一步规范了内部讲师管理，推进培训体系建设。2018 年，公司荣获第四届全国药品流通行业岗位技能竞赛优秀组织奖；集团员工各类培训覆盖158983 人次，人均培训时长 6.9 小时。

——《华润医药商业集团有限公司 2018 社会责任报告》(P50)

S2.15　年度培训绩效

【指标解读】：本指标包括人均培训投入、人均培训时间等培训绩效数据。

示例：

指标	2016 年	2017 年	2018 年
员工培训人数（人次）	82950	164259	158983
人均培训投入（万元/人）	0.062	0.032	0.04
人均培训时间（小时）	16.95	6.14	6.9

——《华润医药商业集团有限公司 2018 社会责任报告》(P77)

S2.16　职业发展通道

【指标解读】：职业发展通道是指一个员工的职业发展计划，职业通道模式主要分三类：单渠道模式、双通道模式、多通道模式。按职业性质又可分为管理类、技术类、研发类职业通道。

示例：

疏通人才成长通道，完善管理和专业人才职业发展通道，为员工提供公正平等的职业路径和发展机会，实现员工与公司共享发展成果。2018 年，华润医药商业、华润天津医药荣获"全国五一劳动奖状"，华润湖南医药总经理王永辉、华润广东医药副总经理霍佩琼入选第五届中国医药物流行业年会"十佳年度人物"，华润河南医药有限公司副总经理盛宗民入选首批中国医药物流名人堂。

——《华润医药商业集团有限公司 2018 社会责任报告》(P50)

S2.17　生活工作平衡

【指标解读】：生活工作平衡，又称工作家庭平衡，是指企业帮助员工认识和正确看待家庭同工作间的关系，调和工作和家庭的矛盾，缓解由于工作家庭关系失衡而给员工造成的压力。

示例：

注重员工工作生活平衡，开展多元化文体活动，丰富职工业余生活，释放工作压力，提升员工凝聚力和幸福指数。

——《华润医药商业集团有限公司 2018 社会责任报告》(P53)

S2.18 困难员工帮扶

【指标解读】：本指标主要指企业在帮扶困难员工方面的政策措施以及资金投入。

> **示例：**
>
> 2018 年 1 月，华润江苏医药设立"华润江苏医药有限公司润泽基金"，旨在更好地利用大家的爱心筹款，帮助困难职工渡过难关。2018 年全年累计筹集金额 100732.46 元，在 6 位爱心大使的监管下，捐助员工 3 人，使用基金金额 36000 元。
>
> ——《华润医药商业集团有限公司 2018 社会责任报告》(P63)

S2.19 员工满意度

【指标解读】：本指标主要描述企业开展员工满意度调查的过程以及员工满意度调查结果。

> **示例：**
>
> 2014 年，员工满意度为 100%。
>
> ——《中国医药集团 2014 社会责任报告》(P58)

S2.20 员工流失率

【指标解读】：员工年度流失率 = 年度离职人员总数/(年初员工总数 + 年度入职总数)。

> **示例：**
>
> 2018 年，公司员工流失率为 14.22%。
>
> ——《中国医药集团 2018 社会责任报告》(P46)

（三）安全生产（S3）

S3.1 安全生产管理体系

【指标解读】：本指标主要描述企业建立安全生产组织体系、制定和实施安全生产制度、采取有效防护措施，以确保员工安全的制度和措施。

示例：

按照《安全生产法》等相关法规，集团持续强化安全生产责任制度，控制安全生产事故风险。落实"党政同责、一岗双责"，安全责任"纵向到边、横向到底"的责任体系。

公司已经建立一整套《安全生产管理规范与制度》，持续开展安全生产管理体系建设，提高安全标准化水平。开展安全生产教育活动，提高员工安全知识水平。开展安全风险评估和安全隐患排查，及时整改存在的安全隐患。达到安全生产"四无一减少"的工作目标。

2018年1月2日上海医药总裁和26家直属企业的总经理签订《2018年生产安全工作目标责任书》，确定企业每年的安全生产工作目标。

公司组织开展推进"双重预防机制"工作、"非阻燃型彩钢板"专项整治、"实验室危险化学品"专项整治、"反习惯性违章行为"、"进博会"专项安全保障、"有限空间"专项整治、"闲置厂房出租场所"专项整治七项重点工作。全年紧紧抓住重点专项工作不放松，在安全生产工作各方面得到了一定的提升。

——《上海医药集团股份有限公司2018社会责任报告》（P57）

S3.2 安全应急管理机制

【指标解读】：本指标主要描述企业建立应急管理组织、规范应急处理流程、制定应急预案、开展应急演练等方面的制度和措施。

示例：

国药集团不断开展应急管理体系建设，编制完成《国药集团生产安全事故应急预案》，实施《国药集团生产安全事故应急预案管理办法》，建立自上而下生产安全事故应急响应机制，形成企业、二级公司、集团总部三级响应联动机制，规范所属各公司应急预案管理工作，进一步推动安全应急管理工作制度化、规范化、法制化。

——《中国医药集团2018社会责任报告》（P29）

S3.3 特殊药品安全管理

【指标解读】：本指标主要描述企业加强对特殊药品的管理，有效控制其购、存、销行为的相关制度、措施等。

示例：

公司拥有麻醉药品和第一类精神药品、第二类精神药品、医疗用毒性药品等特殊管理药品的经营资质，制定《特殊管理药品管理制度》《特殊管理药品质量控制程序》等制度，成立以企业负责人为组长、企业质量负责人为副组长的特殊药品管理小组，对特殊管理药品及其他管制药品的购销、储存、运输、销毁进行严格的管控。特殊药品需从药监部门指定的渠道按计划进货，严格按照药监部门审批的印鉴卡和用量计划供应给使用单位，严格实行双人双锁、双人验收、双人出库复核；特殊药品设立专用库房，具有钢制防盗门，安装有监控、报警及防火安全设备；运输车辆使用封闭式专用车辆运输，专职押运人员配备必要的安全防卫器具和通信设备，并严格按照指定路线行驶，确保特殊管理药品的安全。

——《华润医药商业集团有限公司 2018 社会责任报告》(P58)

S3.4 安全教育与培训

【指标解读】：安全教育与培训是指以提高安全监管检察人员、生产经营单位从业人员和从事安全生产工作的相关人员的安全素质为目的的教育培训活动。

示例：

公司通过形式多样的宣传教育活动营造良好的安全管理氛围，努力提高全员的安全意识，使广大员工提高警惕。一是充分利用典型案例警示员工，通过举办安全知识宣传专栏、刊发安全简讯、展示实例图片等形式，切实提高了员工的安全意识；二是积极落实公司"三级"培训制度，2018 年共计189 次，累计 356 课时；三是举行实操演练，加强员工安全观念，2018 年，选择偷盗比较严重的夏冬季、消防事故较多的秋季举行了 15 场大小型防火、防盗演练，充分提高员工的安全防范意识和处理突发事件的能力。

——《九州通医药集团股份有限公司 2018 社会责任报告》(P41)

S3.5　安全培训绩效

【指标解读】：本指标主要包括安全培训覆盖面、培训次数等数据。

> **示例：**
>
> 2018 年共有 73 家企业组织开展了各类演练（综合演练 25 次，专项演练 48 次），总参加人数约 9800 人，通过各类演练提高了从业人员的应急处置能力和安全意识。
>
> ——《上海医药集团股份有限公司 2018 社会责任报告》(P57)

S3.6　安全生产投入

【指标解读】：本指标主要包括劳动保护投入、安全措施投入、安全培训投入等方面的费用。

> **示例：**
>
> 公司每年投入安全管理经费高达 1000 多万元，包括对安全人员知识、技能、宣传等培训经费的投入，以及根据公司相关奖励规定，及时解决了对安全管理先进部门、先进个人奖励经费。
>
> ——《九州通医药集团股份有限公司 2018 社会责任报告》(P41)

S3.7　安全生产事故数

【指标解读】：本指标主要披露企业报告期内的生产安全事故数据。

根据生产安全事故（以下简称"事故"）造成的人员伤亡或者直接经济损失，事故一般分为以下等级：特别重大事故，是指造成 30 人以上死亡，或者 100 人以上重伤（包括急性工业中毒，下同），或者 1 亿元以上直接经济损失的事故；重大事故，是指造成 10 人以上 30 人以下死亡，或者 50 人以上 100 人以下重伤，或者 5000 万元以上 1 亿元以下直接经济损失的事故；较大事故，是指造成 3 人以上 10 人以下死亡，或者 10 人以上 50 人以下重伤，或者 1000 万元以上 5000 万元以下直接经济损失的事故。

示例：

指标	2016 年	2017 年	2018 年
年度安全生产事故或工伤事故总量（起）	16	20	19

——《上海医药集团股份有限公司 2018 社会责任报告》（P58）

S3.8　员工伤亡人数

【指标解读】：本指标主要包括员工工伤人数、员工死亡人数等数据。

示例：

全年未发生死亡及以上生产安全责任事故，安全生产形势总体平稳，较好地完成了年度安全生产目标。

——《中国医药集团 2018 社会责任报告》（P28）

（四）社区责任（S4）

社区责任主要包括公益慈善、志愿服务两个方面，每个板块又分为若干指标。

S4.1　社区沟通和参与机制

【指标解读】：本指标是指企业新建项目时需建立与社区代表的定期沟通交流等机制，让社区代表参与项目建设与开发。

示例：

京能清洁能源在加快海外发展步伐、努力开拓业务的同时，积极融入当地社区，加强与利益相关方透明、诚恳的沟通，就地服务社会，建构良好社区关系，推动项目所在地的经济、社会、环境和谐发展。

澳大利亚公司以开放、热情的态度，定期举办多样化的开放日活动，通过电场参观、面对面沟通交流，向相关方展示最真实的电场运营情况，普及可再生能源知识，增加相关方对电场及新能源的了解。2016 年，公司风电场开放日共接待来访近 200 人。

主动搜集社区居民对风电场发展的意见和建议，格伦风电场派代表访问了五户当地居民，向当地住户介绍风电场相关信息并负责答疑。格伦风电场设立免费电话、网络邮箱和邮寄地址，任何人均可方便地进行询问和投诉。2016 年，风电场完善了咨询和投诉系统，更加快速地回复各种咨询和投诉，同时将重要的信息公布到官方网站，接受大众的监督。

　　——《京能清洁能源 2016 年环境、社会及管治报告》(P43-44)

S4.2　公益方针或主要公益领域

【指标解读】：本指标主要指企业的社会公益政策以及主要的公益实践领域。

示例：

支持医药卫生事业发展

公司充分发挥特色优势，与药品生产厂家、慈善机构等共同探索"多方共付"模式，在 DTP 药房开展药品慈善援助活动，由厂家免费提供药品、慈善机构援助项目主体管控整体流程、社保单位审核患者社保资质、公司提供完善的管理与优质服务，向满足条件的重病患者发放价值高昂的新特药品，帮助重病困难群体解决用药需求，同时收集患者用药数据，反哺临床。北京德信行医保全新大药房持续 11 年开展慈善援助服务。2018 年，共承接中华慈善总会、中国妇女发展基金会、中国癌症基金会等七个基金会的 17 个慈善援助项目，涉及药品 17 种，共计为 2.21 万人次发放 4.94 万盒药品，价值 2.59 亿元。2009 年以来，累计为超过 17 万人次的患者发放超过 32 亿元的援助药品。

　　——《华润医药商业集团有限公司 2018 社会责任报告》(P68)

S4.3　建立企业公益基金/基金会

【指标解读】：本指标主要描述企业成立的公益基金/基金会以及公益基金会/基金会的运营情况。

示例：

美源伯根基金会是由美源伯根公司成立的一个非营利慈善捐赠组织，其使命是通过投资于社区，并与各组织合作，扩大获得优质医疗服务的机会，并提供资源，以确保处方药安全，从而改善患者群体的健康和福祉。

——*Amerisource Bergen Corporate Citizenship Overview 2018 Year in Review*（P59）

S4.4 打造品牌公益项目

【指标解读】：品牌项目指在国家、社会和公众高度关注而发展程度较低的社会、环境领域，企业开展的有一定社会影响力并且取得了显著成效的公益项目。打造品牌公益项目，能够有效发挥其对社会责任工作的重点工作牵引作用和资源整合平台作用。

示例：

2018 年，为推动公益服务规范化、常态化、品牌化，公司首次推出责任品牌项目"润·YAO 行动"，并在全国范围内开展"健康扶贫中国行"大型公益活动，同时启动润健康公益三年规划，努力实现"携手共创美好生活"。

——《华润医药商业集团有限公司 2018 社会责任报告》（P68）

S4.5 防止药物滥用

【指标解读】：药物滥用一般是指违背公认的医疗用途和社会规范而使用任何一种药物。这种使用往往是自行给药，因而对用药者的健康和社会都会造成一定损害。本指标主要描述企业为防止广大民众滥用药物而开展药品知识宣传、教育等公益性行为。

示例：

防治阿片流行，防止处方药滥用

十年来，康德乐健康基金会已经参与了通过生成 Rx 来实现预防，并且与俄亥俄州立大学药学院建立合作伙伴关系。

自 2009 年以来，基金会投资了数百万美元，对所有年龄段的人宣传处方药滥用的危险。我们的同事和无数老师，以及医疗保健提供商和社区志愿者在学校、高级中心和整个社区进行了数千小时的教学预防教育。

——*Cardinal Health 2018 Corporate Citizenship Report*（P28）

S4.6　合理用药宣传

【指标解读】：本指标指企业向公众宣传合理用药的制度、措施和成效等。

示例：

近年来，上海医药在企业社会责任与公司战略紧密结合、创造全面价值方面，做了积极的探索与实践。2015 年 12 月，上海市"加强药事管理、促进合理用药"系列宣传教育活动正式启动。上海医药连续数年全面支持此项活动，旨在进一步提升医疗机构药事管理和药学服务能力，持续增强公众对药品及药品使用的科学认识，推动公众用好药、放心用药、方便用药。

5 月 18 日，2018 上海合理用药高峰论坛成功举办，上海医药成为此次活动的全面支持单位，并表示："提升民众的用药安全满意度，最大限度地保障其医药需求，是药企首要的社会责任。"

——《上海医药集团股份有限公司 2018 社会责任报告》(P46)

S4.7　捐赠总额

【指标解读】：本指标主要指企业年度资金捐助以及年度物资捐助总额。

示例：

2018 年，公司慈善捐赠总额达 2284.57 万元。

——《华润医药商业集团有限公司 2018 社会责任报告》(P68)

S4.8　公益慈善活动及受益人数

【指标解读】：本指标主要描述企业开展的各类公益慈善活动及活动所覆盖的受益群众数量。

S4.9　鼓励员工参与志愿者活动

【指标解读】：志愿服务是指不以获得报酬为目的，自愿奉献时间和智力、体力、技能等，帮助其他人、服务社会的公益行为。

示例：

公司强化公益管理，修订《华润医药商业集团有限公司慈善公益活动实施细则》，成立华润医药商业志愿服务总队，积极开展公益活动。

——《华润医药商业集团有限公司 2018 社会责任报告》（P68）

S4.10　员工志愿者活动绩效

【指标解读】：本指标主要指志愿者活动的时间、人次等数据。其中，志愿者服务时间是指志愿者实际提供志愿服务的时间，以小时为计量单位，不包括往返交通时间。

示例：

2018 年，参与公益活动人数 1465 人次，全年开展公益活动时长达 18144 小时。

——《华润医药商业集团有限公司 2018 社会责任报告》（P68）

五、环境绩效（E 系列）

环境绩效主要描述企业在节能减排、应对气候变化、保护环境方面的责任贡献，主要包括绿色管理、绿色生产和绿色运营三个部分，如图 4-5 所示。

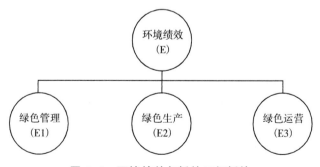

图 4-5　环境绩效包括的二级板块

（一）绿色管理（E1）

E1.1 环境管理体系

【指标解读】：本指标指建立环境管理组织体系和制度体系。企业应建立环境管理组织负责公司的环境管理工作，并制定相应计划、执行、检查、改进等环境管理制度。

> **示例：**
>
> 华润医药商业建立并完善包含组织体系、制度体系、责任体系、教育体系、风险控制体系、监督保障体系、信息传递报告体系、文化体系、评价体系等内容的 EHSQ 管理体系。
>
> 2018 年新增和修订《EHS 组织机构建设制度》《EHS 事故事件管理办法》等 5 个 EHS 管理制度；全面推进安全生产管理，通过签订年度安全目标责任书，落实一岗双责、党政同责、失职追责的安全管理要求；全面优化环境管理，制定环境管理数据指标，健全环境绩效考核机制，倾力打造环境友好型企业。2018 年，公司"环境管理体系认证证书"和"职业健康安全管理体系认证证书"通过年度监督审核。
>
> ——《华润医药商业集团有限公司 2018 社会责任报告》(P64)

E1.2 环保培训和宣教

【指标解读】：本指标主要指企业对员工（或利益相关方）开展的关于环境保护方面的培训或宣传工作。

> **示例：**
>
> 国药集团紧紧围绕"绿色制药、低碳发展、保卫蓝天"系列主题，以全国"节能宣传周"和"低碳日"活动为契机，组织开展形式多样、丰富多彩的宣传教育培训，广泛普及生态文明、绿色发展理念和知识，崇尚节约节能、低碳运营、绿色环保的社会风尚，倡导简约适度、文明健康、合理消费的生活方式，提升全员环保意识，强化全员行动力度。
>
> ——《中国医药集团 2018 社会责任报告》(P32)

E1.3　建设绿色供应链

【指标解读】：本指标指企业将环保原则纳入供应商管理机制中，并建立相应的管理评价措施。通过绿色采购、绿色运营、环保培训等方式，减轻产业链环境负荷。

> **示例：**
>
> 重视流通环节的绿色采购，优先采购节能环保和可回收利用产品，优先选择符合绿色采购指南要求的供应商。2018 年，供应商通过质量管理体系认证的比例达 100%。
>
> ——《华润医药商业集团有限公司 2018 社会责任报告》(P47)

E1.4　支持绿色低碳产业发展

【指标解读】：本指标主要描述以绿色低碳技术创新和应用为重点，引导绿色消费，推广绿色运输，推进高效节能、先进环保和资源循环利用产业体系建设的发展。

> **示例：**
>
> 华润医药商业重视药品运输与配送过程中的节能减排，加强物流仓储绿色施工，推动物流技术改革，强化集约化生产，倡导资源循环利用，构建绿色物流体系。
>
> 华润河南医药租赁使用纯电力驱动的新能源汽车 8 辆，在节能环保的前提下，确保药品安全、及时送到患者手中。
>
> ——《华润医药商业集团有限公司 2018 社会责任报告》(P66)

E1.5　环保总投资

【指标解读】：本指标是指年度投入环境保护的资金总额。

> **示例：**
>
> 2018 年，环保投入为 79990.3 万元。
>
> ——《中国医药集团 2018 社会责任报告》(P76)

E1.6　应对气候变化

【指标解读】：本指标主要描述企业通过自身行动减缓气候变化速率和缓解气候变化带来的生态系统退化。

示例：

我们投资于减少温室气体排放的能源优化技术。我们的总部大楼之一，在都柏林 OH，是能源和环境设计（LEED）认证的领导者。在我们的投资组合中，我们安装了生物质锅炉、太阳能电池板、更高效的暖通空调系统和工艺设备、LED 照明、改进的温度控制措施和改进的建筑绝缘。我们设施内的能源优化项目正在进行中，以节省能源成本和减少二氧化碳当量（CO_2e）排放量。我们确定排放量最大的站点，并将其作为减排措施的优先事项。

——*Cardinal Health 2018 Corporate Citizenship Report*（P33）

E1.7　碳强度

【指标解读】：单位产值的二氧化碳排放量。

示例：

温室气体排放量 5888231 吨，温室气体排放密度 0.26 吨/万元收入，海外资源开发类企业温室气体排放量 8311824 吨。

——《中国冶金科工股份有限公司 2017 社会责任报告》（P60）

E1.8　碳汇

【指标解读】：本指标主要描述通过植树造林、森林管理、植被恢复等措施，利用植物光合作用吸收大气中的二氧化碳，并将其固定在植被和土壤中，从而减少温室气体在大气中浓度的过程、活动或机制。

示例：

中铝集团积极响应并带头践行《巴黎协定》，2017 年 6 月，发起"联合降碳倡议"，主动履行降碳倡议，完善碳资产管理架构体系，纳入碳交易的 32 家试点企业有 26 家完成了碳资产盘查。参与国家有关有色金属行业碳交易政策制定工作，组织 2 期碳交易知识培训。截至 2017 年底，中铝新能源总装机 1509.1 兆瓦（运行），其中风电装机 1355.8 兆瓦（含在建风电装机 50 兆瓦）、光伏发电装机 203.3 兆瓦。宁夏能源率先在宁夏回族自治区建设了第一个风电场、第一个光伏实验电站和大型并网电站。郑研院"中国温室气体自愿减排交易项目（CCER）审定与核证机构"资质成功备案。2017 年，集团 SO_2 排放量 4.54 万吨，同比下降 2.08%；氮氧化物排放量 4.055 万吨，同比下降 6.75%。

——《中国铝业集团有限公司 2017 社会责任报告》（P54）

（二）绿色生产（E2）

E2.1 环保技术应用

【指标解读】：本指标主要描述企业积极运用环保技术的措施和实践。

> **示例：**
>
> 国药集团认真贯彻落实国家污染防治攻坚七项标志性重大战役和四个专项行动，努力做好挥发性有机物治理、超低排放改造和危废处置管理等重点工作。统筹规划，滚动落实"产业升级 2020 计划"，实施节能环保升级项目 89 项，通过产业升级，应用新技术、新设备、新工艺，引导企业做好节能环保工作，促进企业的健康发展和效益提升。
>
> ——《中国医药集团 2018 社会责任报告》（P34）

E2.2 采购和使用环保原材料

【指标解读】：本指标主要描述企业购买和使用环保原材料的制度或措施。

> **示例：**
>
> 新仓库建设中倡导绿色施工，注重仓库地面的防尘处理，选用保温良好的墙外保温材料；运营中优先选用可循环重复低能耗的制冷供热设备，减少能源消耗，尽量采用 DC24 供电自动化设备，降低设备运营噪声污染。
>
> ——《华润医药商业集团有限公司 2018 社会责任报告》（P66）

E2.3　提高能源使用效率

【指标解读】：本指标指企业在生产过程中管理能量消耗，提高计划消耗占实际消耗的能源比。

> **示例：**
>
> 北京公司输送线升级改造：优化设备部件，改变工作方式，由 21 个转向区同时运转，优化到有转向任务运转、无转向任务设备处于节能模式工作的方式；把 220V 及 380V 驱动电机改为 24V 电动滚筒驱动，能耗大大降低，设备转向效果明显提升。
>
> ——《华润医药商业集团有限公司 2017 社会责任报告》(P65)

E2.4　全年能源消耗总量及减少量

【指标解读】：本指标指报告期内企业生产、运营所直接消耗的各种能源和减少的能源用量折合标准煤数量。一般情况下，纳入统计核算的常规能源产品（实物量）分为五大类，即煤、油、气、电、其他燃料。

> **示例：**
>
> | 指标 | 2016 年 | 2017 年 | 2018 年 |
> | --- | --- | --- | --- |
> | 综合能源消耗量（万吨） | 8.8834 | 11.739 | 2.2336 |
>
> ——《华润医药商业集团有限公司 2018 社会责任报告》(P78)

E2.5　单位产值综合能耗

【指标解读】：本指标指报告期内企业综合能耗与报告期内净产值之比，通常以万元产值综合能耗/万元增加值综合能耗进行计量。

> **示例：**
>
> | 指标 | 2016 年 | 2017 年 | 2018 年 |
> | --- | --- | --- | --- |
> | 万元增加值可比价综合能耗（吨标准煤/万元） | 0.0166 | 0.1871 | 0.0498 |
>
> ——《华润医药商业集团有限公司 2018 社会责任报告》(P78)

E2.6 使用清洁能源的政策、措施

【指标解读】：新能源是指在新技术基础上开发利用的非常能源，包括风能、太阳能、海洋能、地热能、生物质能、氢能、核聚变能、天然气水合物等；可再生能源是指风能、太阳能、水能、生物质能、地热能、海洋能等连续、可再生的非化石能源；清洁能源是指环境污染物和二氧化碳等温室气体零排放或者低排放的一次能源，主要包括天然气、核电、水电及其他新能源和可再生能源等。

> 示例：
>
> 国药集团积极响应国家号召，大力推进清洁可再生能源太阳能光伏发电项目，国药中生上海公司、北生研公司、国药致君、广东一方等企业，充分利用建筑物屋顶等空地大力建设分布式光伏发电项目，积极创建能源节约型企业。
>
> ——《中国医药集团 2018 社会责任报告》(P35)

E2.7 清洁能源使用量

【指标解读】：本指标是指企业在报告期内对新能源、可再生能源或清洁能源的使用数量。

> 示例：
>
> | 指标 | 2014 年 | 2015 年 | 2016 年 |
> |---|---|---|---|
> | 新能源、可再生能源或清洁能源使用量（万吨） | 34.04 | 34.38 | 37.92 |
>
> ——《中国交通建设股份有限公司 2016 年度社会责任报告》(P73)

E2.8 节约水资源政策、措施

【指标解读】：本指标指企业节约水资源的政策措施，包括但不限于完善企业节水管理，加强定额管理，完善用水量，加强节水技术改造，推进工业废水回用，提高水资源重复利用率，提高职工节水意识；等等。

示例：

国药现代投资 3.5 亿元建设国药威奇达及威奇达中抗水回收系统项目。项目新建厂房设施、设备及水回收处理系统，建成后废水经水回收系统处理，两个水回收系统项目总设计废水处理规模均为 12000 立方米/天，回用水一部分用作循环水的补水、一部分用作厂区生产用水、一部分用作绿化及道路用水。

——《中国医药集团2018 社会责任报告》(P35)

E2.9　年度新鲜水用水量

【指标解读】：本指标指报告期内企业厂区内用于生产和生活的新鲜水量（生活用水单独计量且生活污水不与工业废水混排的除外），等于企业从城市自来水取用的水量和企业自备水用量之和。

示例：

指标	2016 年	2017 年	2018 年
年度新鲜水用水量（吨）	4900	4303	4879

——《华润医药商业集团有限公司 2018 社会责任报告》(P78)

E2.10　单位工业增加值新鲜水耗

【指标解读】：工业增加值指全部企业工业增加值，不限于规模以上企业工业增加值。单位工业增加值新鲜水耗＝工业用新鲜水量/工业增加值。

示例：

指标	2012 年	2013 年	2014 年
单位工业增加值新鲜水耗（吨水/万元）	7.6	8.7	9.2196

——《中国医药集团 2014 社会责任报告》(P76)

E2.11　过期药品等废弃药品和包装材料处置

【指标解读】：本指标主要描述企业对过期药品等废弃药品及其包装材料的处理制度或措施。

示例：

2018 年财政年度产生的废物中，约有 54%被回收，比 2016 年财政年度增长 1 个百分点，这主要是因为沃博联的回收率有所提高，这构成了我们美国零售药房部门的大部分。2018 年我们各个部分的回收率如下：零售制药国际部分为 77%，医药批发为 69%，零售制药美国部分为 52%。

废弃药品包装材料处置方式（千公吨）	2018 年	2017 年	2016 年	以 2016 年为基准的变化率
垃圾填埋	304	315	274	10.9
焚烧	2	7	10	−80.0
回收利用	364	357	314	15.9
总计	670	679	598	12.0

——*Walgreens Boots Alliance Corporate Social Responsibility Report 2018*（P49）

E2.12　优化送货路线及车辆装载

【指标解读】：本指标主要描述企业优化送货路线及车辆装载以实现节能降耗减排目标的制度、措施等。

示例：

华润河南医药积极优化配送路线，在数据分析、调研访谈、召开优化调整冷藏车配送路线研讨会的基础上，形成"以点组线"的配送模式。2017 年，冷藏车配送线路覆盖河南省 114 个地市县，实现冷链药品全省自配送，提升车辆满载率和运行效率。

——《华润医药商业集团有限公司 2017 社会责任报告》（P66）

E2.13　减少车队能源消耗

【指标解读】：本指标主要描述企业为提升车辆能效水平以减少车队能耗的制度、措施和成效等。

示例：

外包车队的能源消耗

在我们外包运输的地区，我们利用外部运营商的能力来优化计划，避免将空卡车送回配送中心。我们还与客户合作，调整交货时间表，以提高效率。通过减少行驶里程，我们也可以减少二氧化碳排放。

内部车队的能源消耗

在一些地区，我们拥有自己的车队，在购买新车时，燃料消耗和低二氧化碳排放是关键标准。我们还调整送货路线和车辆装载，以减少里程和提高效率。我们在加拿大魁北克省的车队已经初见效果。

——*McKesson's Fiscal Corporate Responsibility Report*（P13）

E2.14 清洁能源和新能源车辆使用情况

【指标解读】：本指标主要指企业使用清洁能源和新能源车辆情况。

示例：

华润河南医药租赁使用纯电力驱动的新能源汽车 8 辆，在节能环保的前提下，确保药品安全、及时送到患者手中。

——《华润医药商业集团有限公司 2018 社会责任报告》（P67）

E2.15 包装减量化

【指标解读】：本指标主要指企业优化包装设计，以减少包装材料的消耗，减少包装对环境的影响的制度、措施和成效等。

示例：

我们的一些配送中心最近实施了按尺寸包装的方案，这是一种按需包装的解决方案，允许每一种产品在尽可能小的盒子内运输。用机器制造定制尺寸的盒子，节省时间和金钱，并明显降低对环境的影响。这种按需包装意味着较低的箱库存和减少使用纸板、包装纸和塑料空气枕头。机器上的纸板废料可以回收利用，适当大小的包装意味着更多的箱子可以装入一辆卡车——减少运费和运输排放。最后，收到合适包装的产品的客户只需进行较少的废物处理。

我们的包装技术中心创建了优化的包装，符合患者安全要求，同时符合法规遵从性和环境有效性原则。我们的包装技术中心工程师团队评价包装设计为 FND 提供了改进的机会，有利于原材料循环利用。

——*Cardinal Health 2018 Corporate Citizenship Report*（P35-36）

E2.16 使用可重复利用包装容器

【指标解读】：本指标指企业使用可循环利用、重复利用的包装容器的制度、措施和成效。

示例：

华润河南医药推广周转箱送货模式，倡导以塑料周转箱替代转载货物的纸箱；开发智慧物流平台周转箱回收模块，利用系统监管周转箱的使用回收情况，优化周转箱快速回收使用；与上下游客户加强沟通，回收客户废纸箱进行重复利用，减少纸箱采购与浪费，降低木材能耗。仅 2017 年 10~12 月，平均每月共节约纸箱 2000 个。

——《华润医药商业集团有限公司 2017 社会责任报告》（P66）

E2.17 包装物回收利用

【指标解读】：本指标指企业回收利用包装物的制度、措施和成效。

示例：

华润黑龙江医药物流中心将配送零散药品时使用的包装纸箱，进行回收，实现二次循环利用。公司加强与下游客户的沟通，当药品送达客户且经审核无误确认后，送货员将纸箱回收至公司，后续可供循环利用，节约资源，减少污染。

——《华润医药商业集团有限公司 2018 社会责任报告》（P67）

E2.18 节约能源政策、措施

【指标解读】：节约能源是指通过加强用能管理，在从能源生产到消费的各个环节降低消耗、减少损失和污染物排放，制止浪费，有效、合理地利用资源。

> **示例：**
>
> 2018 年上海医药下属生产企业加大节能环保投入。降低能耗，节约能源；强化治理，减少污染。
>
> 上海上药新亚药业有限公司新先锋制药厂投资 42 万元，在凝胶车间安装一套 VOC 废气治理设施，减少 VOC 对环境的影响；投资 70 万元，建设一套余热余水回收利用系统，每天回收热水 20 吨，每天节约蒸汽 5 吨，每年可节约标准煤 138 吨。
>
> ——《上海医药集团股份有限公司 2018 社会责任报告》(P64)

E2.19　减少温室气体排放的计划及行动

【指标解读】：温室气体是指任何会吸收和释放红外线辐射并存在大气中的气体。京都协议书中控制的 6 种温室气体为：二氧化碳（CO_2）、甲烷（CH_4）、氧化亚氮（N_2O）、氢氟烃（HFCs）、全氟碳化合物（PFCs）、六氟化硫（SF_6）。

> **示例：**
>
> 沃博联通过了一个减排目标，以帮助缓解全球变暖和应对气候变化的紧迫威胁。这一目标植根于公司的业务战略中，并允许我们通过管理降低能源成本以及减少环境影响。
>
> 该公司的减排战略包括实施大规模的举措，例如一个测量和监测范围 1、范围 2 和一些范围 3 排放的全球进程。
>
> ——*Walgreens Boots Alliance Corporate Social Responsibility Report 2018* (P42)

E2.20　温室气体排放量及减排量

【指标解读】：关于温室气体的核算，可参考 ISO14064 温室气体排放核算、验证标准，也可参考国家发展改革委 2013 年发布的《中国水泥生产企业温室气体排放核算方法与报告指南（试行）》《中国电解铝生产企业温室气体排放核算方法与报告指南（试行）》《中国电网企业温室气体排放核算方法与报告指南（试行）》《中国发电企业温室气体排放核算方法与报告指南（试行）》《中国钢铁生产企业温室气体排放核算方法与报告指南（试行）》《中国化工生产企业温室气体排放核算方法与报告指南（试行）》《中国镁冶炼企业温室气体排放核算方法与报告指南（试行）》《中国民用航空企业温室气体排放核算方法与报告指南（试行）》《中国平板玻璃生产企业温室气体排放核算方法与报告指南（试行）》和《中国陶瓷生产企业温室气体排放核算方法与报告指南（试行）》。

示例：

指标	2012 年	2013 年	2014 年
COD 排放量（吨/年）	568.99	543.61	513.30
二氧化硫排放量（吨/年）	1030.61	1194.76	1323.32

——《中国医药集团 2014 社会责任报告》（P76）

（三）绿色运营（E3）

E3.1 绿色办公措施

【指标解读】：描述企业绿色办公的政策或措施，包括但不限于：夏季空调温度不低于 26℃；办公区采用节能灯具照明，且做到人走灯灭；办公区生活用水回收再利用；推广无纸化办公，且打印纸双面使用；办公垃圾科学分类；推行视频会议减少员工出行等。

示例：

公司积极推进绿色办公，鼓励员工节约用水用电、减少纸张等办公资源的浪费，通过一系列绿色环保措施，兑现节能减排承诺。

● 实施"携程商旅"线上机票预订绿色出行计划，在机票数量同期增长 36% 的情况下，机票预订手续费用同比下降近 50%，机票折扣率比往年同比下降 12%，在方便公司领导、员工公务出行的前提下，机票预订费用实现较大节约。

● 在充分享受华润集团协议酒店优惠基础上，将华润医药商业各省级公司及下属公司协议酒店进行汇总，形成 100 家华润医药商业协议酒店目录下发各利润中心，扩大协议酒店范围，为各利润中心人员提供方便、实惠、便捷的绿色出行服务。

● 倡导视频会议，减少会议差旅成本及能源消耗。

● 淘汰高能耗设备，安装节能照明设备，减少电能消耗。

● 推进无纸化办公，利用 OA 系统、电子邮件、微信群等传输、阅览、批阅文件。

● 提倡人走灯灭，安排专人负责下班时间关闭办公区照明灯、空调、打印机等电源。

——《华润医药商业集团有限公司 2017 社会责任报告》（P69）

E3.2　绿色办公绩效

【指标解读】：包括办公用电量、用水量、用纸量以及垃圾处理量等方面的数据。

示例：

视频会议

2018 年 1~12 月，公司共召开视频会议 138 场次，视频会议总时长 430 小时，视频会议平均时长 3.11 小时。按外地参会 8 人、出差平均费用 3000 元/次测算，则一年节约差旅成本 331 余万元。

协同办公 OA

公司协同办公管理系统（OA）已开通用户数超过 2 万人，总计发起流程 264 万多个，上传文档 225 万余件。如果以平均每个文件 10 页、每个电子文件打印传播 2 次计算，相当于累计节省纸张 4500 多万页。

——《上海医药集团股份有限公司 2018 社会责任报告》（P114）

E3.3　环保公益活动

【指标解读】：本指标描述企业投入人力、物力、财力等支持或开展环境保护公益活动。

示例：

华润医药商业坚持可持续发展理念，积极组织环保公益活动，鼓励员工用实际行动践行绿色生活，提高公众环保意识，推动形成人与自然和谐发展的新格局，为建设绿色家园共同努力。

——《华润医药商业集团有限公司 2018 社会责任报告》(P67)

六、报告后记（A 系列）

报告后记部分主要包括对未来社会责任的计划、关键绩效、企业社会责任荣誉、对报告的点评及评价、报告参考及索引、读者意见反馈六个方面，如图 4-6 所示。

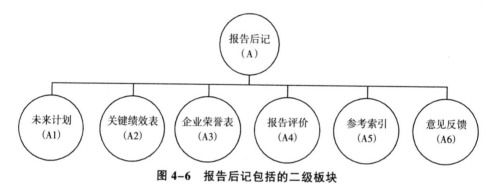

图 4-6 报告后记包括的二级板块

（一）未来计划（A1）

公司对社会责任工作的规划。本部分主要描述企业对公司社会责任工作四个方面（责任管理、市场绩效、社会绩效和环境绩效）的规划与计划。

示例：

春华秋实，栉风沐雨。2019 年，我们将继续以永不懈怠的改革精神，以一往无前的奋斗姿态，在新的征程中展示新作为，以优异成绩向共和国 70 华诞献礼。

深化责任管理。我们将企业文化建设与社会责任相融合，进一步健全责任管理制度，完善评价机制，充实责任内涵，打造可感知的华润医药商业责任品牌。

坚持创新驱动。我们将持续推进科技创新，用创新驱动质量变革、效率变革、动力变革，用创新领跑行业发展，为社会带来全新价值。

完善人才培养。我们将秉持"以人为本"的理念，关注人的身心健康和职业成长，为员工打造自我实现平台，为全员营造温馨、充满爱的氛围。

致力和谐共赢。我们将倾力保障药品质量安全，保障药品应急供应，关爱每一个平凡的生命；创新医药供应链服务，携手伙伴共同履行社会责任，积极参与社会公益，推动社会和谐发展。

守护绿色家园。我们将始终坚持绿色发展理念，加强环境管理，打造绿色医药物流建设，为守护碧水蓝天贡献力量。

2019 年，我们将牢记"拓展医药事业空间　提高生命健康保障"的使命，以奋斗的姿态，逢山开路、遇水架桥、砥砺前行，为建成"社会信赖的大健康服务平台"大步向前。

——《华润医药商业集团有限公司 2018 社会责任报告》（P75）

（二）关键绩效表（A2）

这里主要指企业年度社会责任关键数据的集中展示。关键责任绩效主要从定量的角度出发，披露公司在报告期内取得的重大责任绩效，包括但不限于以下内容：财务绩效；客户责任绩效；伙伴责任绩效；员工责任绩效；社区责任绩效；环境责任绩效等。

模板

关键指标	单位	2016 年	2017 年	2018 年
管理类绩效				
……	……	……	……	……
经济类绩效				
……	……	……	……	……
社会类绩效				
……	……	……	……	……

				续表
关键指标	单位	2016 年	2017 年	2018 年
环境类绩效				
……	……	……	……	……

（三）企业荣誉表（A3）

企业年度社会责任重要荣誉的集中展示，主要指公司报告期内在责任管理、市场责任、社会责任和环境责任方面获得的重大荣誉奖项。

模板

荣誉类别	评奖机构	荣誉称号
责任管理类	……	……
市场绩效类	……	……
社会绩效类	……	……
环境管理类	……	……

（四）报告评价（A4）

社会责任专家或行业专家、利益相关方或专业机构对报告的评价。本部分主要描述企业社会责任报告的可信性。报告评价主要有以下四种形式：

（1）专家点评：即由社会责任研究专家或行业专家对企业社会责任报告的科学性、可信性以及报告反映的企业社会责任工作信息进行点评。

（2）利益相关方评价：即由企业的利益相关方（股东、客户、供应商、员工、合作伙伴等）对企业社会责任报告的科学性、可信性以及报告反映的企业社会责任工作信息进行评价。

（3）报告评级：即由"中国企业社会责任报告评级专家委员会"从报告的过程性、完整性、实质性、平衡性、可比性、可读性和创新性等方面对报告作出评价，出具评级报告。

（4）报告审验：即由专业机构对企业社会责任报告进行审验。

（五）参考索引（A5）

这里主要指对本指南要求披露指标的采用情况。本部分主要描述企业对报告编写参考指南的应用情况，即对报告编写参考指南要求披露的各条信息企业进行披露的情况。

模板

《CASS-CSR 4.0 报告指南》指标索引

	指标编号	指标描述	披露位置	披露情况
指标编号	P1.1	质量保证	封1	完全采用
	……	……	……	……
责任管理	G1.1	企业使命、愿景、价值观		
	……	……	……	……
市场绩效	M1.1	规范公司治理		
	……	……	……	……
社会绩效	S1.1	守法合规体系建设		
环境绩效	E1.1	环境管理体系		
	……	……	……	……

（六）意见反馈（A6）

这里主要指读者意见调查表及读者意见反馈渠道。本部分主要内容为读者意见调查表以及读者意见反馈的渠道。

模板

本报告是××向社会公开发布的第××份企业社会责任报告，为持续改进公司社会责任工作，不断提高履行社会责任的能力和水平，我们非常希望倾听您的意见和建议。恳请您协助完成反馈意见表中提出的相关问题，并选择以下方式反馈给我们。

公司：　　　　部门：

中国　　　　省（市）　　　区　　路　　号

邮政编码：

联系电话：

电子邮箱：

您的信息

姓　　名：

工作单位：

职　　务：

联系电话：

电子邮箱：

意见反馈

1. 您对公司社会责任报告的总体评价是什么？

好　　　　较好　　　　一般

2. 您认为本报告对于公司对经济、社会和环境的重大影响的反映程度如何？

高　　　较高　　　　一般　　　　较低　　　　低

3. 您认为本报告所披露信息、数据、指标的清晰、准确、完整度如何？

好　　　　较好　　　　一般　　　　差　　　　不了解

4. 您最满意本报告哪一方面？

5. 您希望进一步了解哪些信息？

6. 您对我们今后发布报告还有哪些建议？

七、指标速查表

（一）行业特征指标表（34个）

表4-1 行业特征指标

序号	指标名称	定性指标（●） 定量指标（⊕）
市场绩效（22个）		
M2.1	药品质量管理体系	●
M2.2	全链条质量管理措施	●
M2.3	药品安全风险管控	●
M2.4	药品质量培训	●/⊕
M2.5	过期药品回收与处置	●/⊕
M2.6	药品召回制度	●
M2.7	处方药合规销售	●
M2.8	确保药品宣传合规真实	●
M2.9	创新医药零售服务	●
M2.10	运输包装完好率	⊕
M2.11	冷藏和专用设备达标率	⊕
M2.12	冷藏药品运输温度控制合格率	⊕
M2.13	现代医药物流体系建设	●
M2.14	综合物流服务能力	●/⊕
M2.15	账货相符率	⊕
M2.16	货物准时送达率	⊕
M2.17	出库差错率	⊕
M2.18	药品储备及应急供应机制	●
M2.19	基层和边远地区药品供应保障	●
M2.20	供应链信息支持及创新服务	●
M2.21	确保数据安全	●/⊕
M3.16	开展药械流通领域国际合作	●

续表

序号	指标名称	定性指标 (●) 定量指标 (⊕)
社会绩效 (5个)		
S1.4	积极响应医药卫生体制改革	●
S1.5	药械购销票据规范管理	●
S3.3	特殊药品安全管理	●
S4.5	防止药物滥用	●
S4.6	合理用药宣传	●
环境绩效 (7个)		
E2.11	过期药品等废弃药品和包装材料处置	●
E2.12	优化送货路线及车辆装载	●
E2.13	减少车队能源消耗	●
E2.14	清洁能源和新能源车辆使用情况	●
E2.15	包装减量化	●/⊕
E2.16	使用可重复利用包装容器	●
E2.17	包装物回收利用	●

(二) 指标体系表 (163个)

表4-2 指标体系

序号	指标名称	定性指标 (●) 定量指标 (⊕)
第一部分 报告前言 (P系列)		
(P1) 报告规范		
P1.1	质量保证	●
P1.2	信息说明	●
P1.3	报告体系	●
(P2) 高管致辞		
P2.1	履行社会责任的形势分析与战略考量	●
P2.2	年度社会责任工作进展	●
(P3) 责任聚焦		
P3.1	社会责任重大事件	●
P3.2	社会责任重点议题进展及成效	●

续表

序号	指标名称	定性指标（●）
		定量指标（⊕）

第一部分　报告前言（P 系列）

序号	指标名称	
(P4) 企业简介		
P4.1	企业战略与文化	●
P4.2	组织架构及运营地域	●
P4.3	主要产品、服务和品牌	●
P4.4	企业规模与影响力	●
P4.5	报告期内关于组织规模、结构、所有权或供应链的重大变化	●

第二部分　责任管理（G 系列）

序号	指标名称	
(G1) 愿景		
G1.1	使命、愿景、价值观	●
G1.2	企业社会责任理念或口号	●
(G2) 战略		
G2.1	重大性社会责任议题识别与管理	●
G2.2	社会责任战略规划与年度计划	●
G2.3	推动社会责任融入企业发展战略与日常经营	●
G2.4	塑造有影响、可持续的责任品牌	●
(G3) 组织		
G3.1	企业高层支持和推动社会责任工作	●
G3.2	社会责任领导机构及工作机制	●
G3.3	社会责任组织体系及职责分工	●
(G4) 制度		
G4.1	制定社会责任管理制度	●
G4.2	构建社会责任指标体系	●
G4.3	丰富社会责任课题研究	●
(G5) 文化		
G5.1	组织开展社会责任培训	●
G5.2	开展社会责任考核或评优	●
(G6) 参与		
G6.1	识别和回应利益相关方诉求	●
G6.2	企业主导的社会责任沟通参与活动	●

序号	指标名称	定性指标（●） 定量指标（⊕）
	第二部分 责任管理（G 系列）	
G6.3	机构参与或支持的外界发起的经济、环境、社会公约、原则 或其他倡议	●
	第三部分 市场绩效（M 系列）	
（M1）股东责任		
M1.1	规范公司治理	●
M1.2	加强风险管理和内控体系建设	●
M1.3	反腐败	●
M1.4	保护中小投资者利益	●/⊕
M1.5	合规信息披露	●
M1.6	成长性	⊕
M1.7	收益性	⊕
M1.8	安全性	⊕
（M2）客户责任		
M2.1	药品质量管理体系	●
M2.2	全链条质量管理措施	●
M2.3	药品安全风险管控	●
M2.4	药品质量培训	●/⊕
M2.5	过期药品回收与处置	●
M2.6	药品召回制度	●
M2.7	处方药合规销售	●
M2.8	确保药品宣传合规真实	●
M2.9	创新医药零售服务	●
M2.10	运输包装完好率	⊕
M2.11	冷藏和专用设备达标率	⊕
M2.12	冷藏药品运输温度控制合格率	⊕
M2.13	现代医药物流体系建设	●
M2.14	综合物流服务能力	●/⊕
M2.15	账货相符率	⊕
M2.16	货物准时送达率	⊕

续表

序号	指标名称	定性指标（●） 定量指标（⊕）
	第三部分　市场绩效（M 系列）	
M2.17	出库差错率	⊕
M2.18	药品储备及应急供应机制	●
M2.19	基层和边远地区药品供应保障	●
M2.20	供应链信息支持及创新服务	●
M2.21	确保数据安全	●/⊕
M2.22	新增知识产权数	⊕
M2.23	客户信息保护	●
M2.24	主动售后服务体系	●
M2.25	积极应对消费者投诉	●
M2.26	客户有效投诉率	⊕
M2.27	客户投诉解决率	⊕
M2.28	客户满意度	⊕
（M3）伙伴责任		
M3.1	诚信经营	●
M3.2	经济合同履约率	⊕
M3.3	公平竞争	●
M3.4	战略共享机制和平台	●
M3.5	尊重和保护知识产权	●
M3.6	助力行业发展	●
M3.7	针对供应商的社会责任政策、倡议和要求	●
M3.8	因为社会责任不合规被否决的潜在供应商数量	⊕
M3.9	供应商社会责任日常管理机制	●
M3.10	供应商社会责任审查的流程与方法	●
M3.11	报告期内审查的供应商数量	⊕
M3.12	因为社会责任不合规被终止合作的供应商数量	⊕
M3.13	供应商社会责任绩效考核与沟通	●
M3.14	供应商社会责任培训	●
M3.15	供应商社会责任培训绩效	⊕
M3.16	开展药械流通领域国际合作	●

续表

序号	指标名称	定性指标（●） 定量指标（⊕）
\multicolumn{3}{c}{第四部分　社会绩效（S 系列）}		
（S1）政府责任		
S1.1	守法合规体系建设	●
S1.2	守法合规培训	●/⊕
S1.3	纳税总额	⊕
S1.4	积极响应医药卫生体制改革	●
S1.5	药械购销票据规范管理	●
S1.6	带动就业	●
S1.7	报告期内吸纳就业人数	⊕
（S2）员工责任		
S2.1	员工构成情况	●/⊕
S2.2	平等雇佣	●
S2.3	劳动合同签订率	⊕
S2.4	民主管理	●
S2.5	女性管理者比例	⊕
S2.6	保护员工隐私	●
S2.7	反强迫劳动和骚扰虐待	●
S2.8	多元化和机会平等	●
S2.9	每年人均带薪年休假天数	⊕
S2.10	薪酬与福利体系	●
S2.11	职业健康管理	●/⊕
S2.12	工作环境和条件保障	●
S2.13	员工心理健康援助	●
S2.14	员工培训体系	●
S2.15	年度培训绩效	⊕
S2.16	职业发展通道	●
S2.17	生活工作平衡	●
S2.18	困难员工帮扶	●/⊕
S2.19	员工满意度	⊕
S2.20	员工流失率	⊕

续表

序号	指标名称	定性指标 (●)
		定量指标 (⊕)
第四部分 社会绩效 (S系列)		
(S3) 安全生产		
S3.1	安全生产管理体系	●
S3.2	安全应急管理机制	●
S3.3	特殊药品安全管理	●
S3.4	安全教育与培训	●/⊕
S3.5	安全培训绩效	⊕
S3.6	安全生产投入	⊕
S3.7	安全生产事故数	⊕
S3.8	员工伤亡人数	⊕
(S4) 社区责任		
S4.1	社区沟通和参与机制	●
S4.2	公益方针或主要公益领域	●
S4.3	建立企业公益基金/基金会	●
S4.4	打造品牌公益项目	●
S4.5	防止药物滥用	●
S4.6	合理用药宣传	●
S4.7	捐赠总额	⊕
S4.8	公益慈善活动及受益人数	●/⊕
S4.9	鼓励员工参与志愿者活动	●
S4.10	员工志愿者活动绩效	⊕
第五部分 环境绩效 (E系列)		
(E1) 绿色管理		
E1.1	环境管理体系	●
E1.2	环保培训和宣教	●/⊕
E1.3	建设绿色供应链	●
E1.4	支持绿色低碳产业发展	●
E1.5	环保总投资	●
E1.6	应对气候变化	●
E1.7	碳强度	⊕

序号	指标名称	定性指标（●） 定量指标（⊕）
	第五部分　环境绩效（E 系列）	
E1.8	碳汇	●
(E2)　绿色生产		
E2.1	环保技术应用	●
E2.2	采购和使用环保原材料	●/⊕
E2.3	提高能源使用效率	●
E2.4	全年能源消耗总量及减少量	⊕
E2.5	单位产值综合能耗	⊕
E2.6	使用清洁能源的政策、措施	●
E2.7	清洁能源使用量	⊕
E2.8	节约水资源政策、措施	●
E2.9	年度新鲜水用水量	⊕
E2.10	单位工业增加值新鲜水耗	⊕
E2.11	过期药品等废弃药品和包装材料处置	●
E2.12	优化送货路线及车辆装载	●
E2.13	减少车队能源消耗	●
E2.14	清洁能源和新能源车辆使用情况	●
E2.15	包装减量化	●/⊕
E2.16	使用可重复利用包装容器	●
E2.17	包装物回收利用	●/⊕
E2.18	节约能源政策、措施	●
E2.19	减少温室气体排放的计划及行动	●
E2.20	温室气体排放量及减排量	⊕
(E3)　绿色运营		
E3.1	绿色办公措施	●
E3.2	绿色办公绩效	⊕
E3.3	环保公益活动	●/⊕
	第六部分　报告后记（A 系列）	
(A1)	未来计划	●
(A2)	关键绩效表	⊕

续表

序号	指标名称	定性指标（●）
		定量指标（⊕）
第六部分　报告后记（A 系列）		
(A3)	企业荣誉表	●
(A4)	报告评价	●
(A5)	参考索引	●
(A6)	意见反馈	●

第五章　报告过程管理

作为社会责任管理体系中的重要专项工作，社会责任报告编制具有特殊和完整的流程。主要包括组织、策划、界定、启动、研究、撰写、发布、总结八项要素。重视和加强流程管控，不断优化和做实报告编制过程，能够有效提升社会责任报告的质量。

第1步，组织：搭建起来源广泛、各司其职、稳定高效的组织体系，支撑社会责任报告编制工作顺利完成。

第2步，策划：对报告要达成的目标进行系统思考和精准定位，对报告编制工作进行统筹谋划和顶层设计，确保目标明确、步骤稳健、资源匹配。

第3步，界定：通过科学的工具和方法，在内外部利益相关方广泛参与基础上，确定企业重大性社会责任议题。

第4步，启动：召开社会责任报告编制启动会，进行前沿社会责任理论与实践培训，并就报告编制的思路、要求等进行沟通安排。

第5步，研究：通过案例分析、调研访谈和对标分析，对社会责任报告指标体系、撰写技巧和企业社会责任基础素材进行研究，为撰写奠定基础。

第6步，撰写：全面和有针对性地向总部职能部门和下属单位搜集企业履行社会责任的基础素材，完成报告内容撰写。

第7步，发布：报告编制完成后，通过一种或多种发布形式，一次或多次向社会公开报告，实现与利益相关方沟通。

第8步，总结：在广泛征集内外部利益相关方的意见基础上，以报告编制组为核心，组织报告复盘，对报告编制工作进行总结。并就报告编制过程中利益相关方给予的关注、意见和建议进行梳理和反馈，实现报告编制工作闭环提升。如图5-1所示。

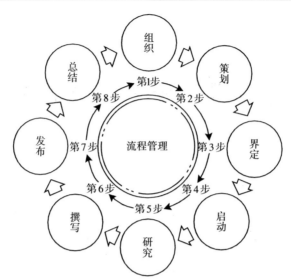

图 5-1 企业社会责任报告流程管理模型

一、组织

（一）工作组组成原则

社会责任报告编制工作组是报告编制工作的责任主体，参与并主导报告编制的全过程。工作组的组成、运作水平直接决定报告编制的效率与质量。工作组的组成应秉承以下原则：

1. 高层参与

企业管理层中，至少有一名成员深度参与报告编制工作组，并担任最高负责人。一是能更好地将社会责任报告与企业战略、文化和经营工作相结合，提升报告战略高度；二是能够更加有效地协调资源，克服报告编制过程中的困难和挑战，确保报告编制工作顺利推进。

2. 内外结合

外部专家拥有社会责任包括社会责任报告方面的专业知识，熟悉理论与实践发展的最新趋势，能够有效提升报告编制的规范性、技巧性和创新性；企业内部人员熟悉企业的发展战略、主营业务和管理经营，对报告的全方位把握更为精准，能够确保报告的准确性和契合度。内外结合组成联合工作组，能够发挥"1+1>2"的效果。根据企业社会责任的发展水平、现实需求和资源情况，外部专家参与的形式可分为三个层次，由深到浅包括外包、深度顾问和浅层参与。

3. 注重稳定

稳定的团队才能保证工作的连续性。企业高层领导应当确保报告编制工作牵头部门的稳定，进而才能有稳定的核心团队。在组成工作组时，报告编制牵头部门也要将"稳定"作为选择内外部组成人员的重要技术原则与沟通要素，尤其是针对内部各部门和下属单位的社会责任联络人。企业应把"编制一本报告、锻炼一支队伍、培育一种文化"作为工作目标。由此，既能确保报告质量，又能夯实履责基础。

案例：中国松下编委会

中国松下在编制报告过程中建立稳定编委会，由董事长担任主编，副总裁和所长担任副主编。事业助成、法务、人事中心、客户服务、供应链、物流、知识产权、财务等部门任编委成员。

编委会名单

主　编：
松下中国 董事长：横尾定显

副主编：
松下中国 副总监：张　凯
事业助成 所 长：王　晖

编　委：
事业助成：王爱强　金冬梅　张明艳　高　巨
　　　　　越向东　张书臣
法　务：刘　蕾　刘未来
人事中心：陈培红　蒲彤蕾　周　波　赵　静
　　　　　陈索拉
客户服务：胡金喜　陈亚苹
供 应 链：张　瑛　陆慰駉　李兴雅
物　流：高桥宏之　刘剑初
知识产权：小林义典　梅　青
财　务：张　艳　康宇琦　米　明　陈国英

（二）工作组职责分工

社会责任报告编制工作组成员分为核心团队和协作团队两个层次。其中，核心团队包括企业高管、牵头部门和社会责任专家；协作团队包括总部各部门 CSR 联络员、下属单位 CSR 联络员。由于角色和重要性不同，在报告编制的不同阶段，工作组组成人员的分工和职责各异，如图 5-2 所示。

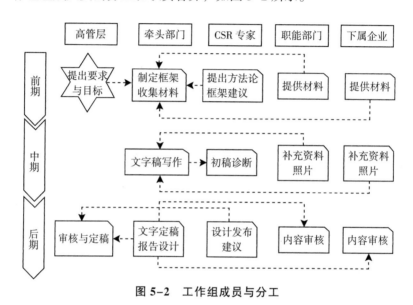

图 5-2　工作组成员与分工

（三）工作组运作机制

要构建一支能力突出、尽职高效的工作团队，并有效发挥工作组的价值，必须不断完善运作机制，确保工作组成员在素材收集、智力支持、沟通协调方面充分发挥主动性和创造性。具体来说，主要包括：

1. 专项会议

在报告编制的重要节点，如启动会、培训会、工作复盘等，召开专项会议（包括视频会议），工作组全体成员参加，学习理论知识、研讨工作经验、协调具体事项，确保工作效果。

2. 日常沟通

工作组应广泛采用信息技术和互联网技术，构建形式多样的报告编制工作虚拟空间，实现材料共享、进度共知、事项协调、学习交流的工作要求，提升工作组成员之间的沟通可及性、频率和工作黏性。

3. 激励约束

对于态度积极、工作认真、贡献较大的工作组成员及其所在的部门、单位，报告编制过程中，使用的素材要尽量向其倾斜；报告编制结束后，组织专门评比，对其进行物质或精神奖励，提升工作组成员的积极性和认同感。

二、策划

（一）明确功能定位

工作组成立后，报告编制工作拉开帷幕。对报告进行系统策划成为工作组面临的第一要务。但在策划报告前，企业必须先思考报告编制工作希望达成的目标，并分清主要目标和次要目标，进而对报告进行明确定位。在此基础上，才能有针对性地策划报告的内容、风格、流程、工作重点和资源匹配等问题。具体来说，企业对社会责任报告的定位主要包括以下类型：

1. 合规导向（1.0）

以满足政府部门、资本市场、研究机构和社会公众等利益相关方对社会责任信息披露的基本要求为首要目标。此类报告的编制，重在信息披露的完整度与合规性，难在指标的搜集和统计计算，而对报告所承载的其他功能要求较少。

2. 品牌导向（2.0）

以报告编制的过程宣传和报告编制完成后的沟通传播为首要目标。理想的路径是：对报告进行多层次、多维度、多视角的使用和传播，让利益相关方看得到、愿意看、看完之后记得住、说得出企业社会责任管理与实践的绩效，不断提升企业的品牌知名度和美誉度，并通过品牌价值的发挥促进企业可持续发展。

3. 管理导向（3.0）

以发挥报告编制对促进责任管理的"牵引"作用为首要目标。理想的路径是：以报告编制为切入点，普及社会责任理念、工具和方法，打造社会责任战略和文化，发现企业经营管理过程中存在的不足，并通过将社会责任融入企业发展战略和日常经营来弥补短板，为企业植入责任"DNA"，进而实现可持续发展。

对报告的不同定位，决定了报告编制的不同思路与方法以及最终的成果展现。企业应根据社会责任发展趋势和自身社会责任工作开展情况，综合判断，明确企业社会责任报告基本定位，再开展报告策划，会到达事半功倍的效果。

（二）报告短期策划

好的顶层设计是提升报告编制水平的重要保障。短期策划主要针对当年社会责任报告，包括主题、框架、创新点、时间等要素的策划，如表 5-1 所示。

表 5-1　报告短期策划要素详解

	意义	策划的要点	思路或案例
主题	主线串联 形散神聚	文化元素导入	借鉴或应用企业已有的愿景、使命、价值观构思报告主题，如华润集团的报告主题为"与您携手、改变生活"
		责任元素导入	借鉴或应用企业已有的社会责任理念或口号构思报告主题，如南方电网的报告主题为"万家灯火、南网情深"
		价值元素导入	紧贴经济、社会和行业发展需求，通过凸显企业价值主张构思报告主题，如中国电子的报告主题为"链接幸福世界"
框架	提纲挈领 彰显特色	经典理论型	按照"三重底线"、"五大发展"、利益相关方等经典社会责任理论，完整借鉴或升级改造后，形成社会责任报告框架
		特色议题型	梳理出由企业特定的行业、定位、属性、发展阶段等要素决定的重大性社会责任议题，直接形成社会责任报告框架
		责任层次型	对企业所承担的社会责任进行重要性辨析，划分层级，形成框架，如中国电子的"唯一性责任—第一性责任—之一性责任"；按照社会责任影响的范围与可及性构思报告框架，常见的有"企业—行业—社会—环境"及在此基础上的改进类型
		行动逻辑型	对企业履行社会责任的行动逻辑进行阶段切分，形成框架，常见的有"理念—战略—管理—实践—绩效"及在此基础上的改进类型
		功能划分型	为满足沟通、合规等不同功能要求，用上下或上中下篇来构思报告框架。如民生银行的上篇责任故事，下篇责任实践
		主题延展型	用解读和延展报告主题内容构思报告框架。如光大银行的报告主题为"力·道"，框架为"风险防控力，持续发展之道；经济推动力，金融普惠之道；阳光服务力，客户信任之道……"
		剑走偏锋型	按照充分发挥思维创意的原则，结合企业特有的战略、文化、行业属性、商业生态等要素，构思极具个性的框架，凸显辨识度。如阿里巴巴的"责任之本、本立道生、道生万物"

续表

	意义	策划的要点	思路或案例
创新点	匠心独具 提升质量	报告体例	各章节通过构思相同的内容板块、表达要素或行文风格，凸显报告的系统性和整体感，同时确保章节自身履责逻辑完整、连续、闭环，报告内容丰富、亮点突出。如中国电科的报告，各章都按照"新布局、新实践、新成效"来展开论述
		报告内容	紧跟社会责任发展的宏观形势，立足国家改革发展的新政策、新要求、新方向，结合企业转型升级的重大战略、创新推出的拳头产品服务以及年度重大事件策划报告内容，确保战略性与引领性。同时，适时适当延伸，增强内容的知识性、趣味性
		表达方式	应用多种表达方式，让报告更简洁、更感人、更悦读。常见的有：将文字变为"一张图读懂……"将常规案例变为综合案例，把故事说深、说透、说动人。使用有冲击力、生动具象的图片等
时间	详细计划 统筹推进	时间分配	组织和策划、界定与启动、研究与撰写、发布与总结四个环节，时间一般按照 15%、15%、60%、10% 进行分配
		推进方式	报告周期大于 6 个月，按月制定推进计划；报告周期 4~6 个月，按周制定推进计划；报告周期小于 3 个月，按日制定推进计划
		效率提升	时间规划要预留出节假日、资料搜集、部门会签、领导审核等不可控因素，通过工作梳理实现相关流程和事项并行

（三）报告长期策划

长期策划体现了企业对报告编制工作的战略思考，是在更长的周期里，明确报告编制的目标、路径和支撑体系。具体包括报告体系、设计风格、管理制度等，如表 5-2 所示。

表 5-2　报告长期策划要素详解

	意义	策划的要点	思路或案例
报告体系	系统披露 立体沟通	内容	从内容看，社会责任报告包括常规报告、专题报告、国别报告等。如中国华电先后编制城市供热报告、分布式能源报告、应对气候变化报告等，组成了内容丰富的社会责任报告体系
		形态	从形态看，社会责任报告包括全版报告、简版报告、PDF 报告、H5 报告、网页报告、视频报告等。纸质版报告、PDF 版报告是主要形态，H5 报告和视频报告渐成趋势
		周期	从周期看，社会责任报告包括年度报告、季度报告、专项报告、日常报告等，企业应根据沟通频率需求，确定报告周期组合
设计风格	传承特色 打造品牌	横向延续	一定周期内（3~5 年），保持社会责任报告视觉风格和创意要素的一致性、渐进性，形成有辨识度的设计。如中交集团"十三五"时期报告在统一视觉风格和设计元素基础上延展
		纵向一致	若下属单位编制社会责任报告，可根据需要统筹集团报告和下属单位报告设计风格，让全集团社会责任报告以统一形象展示

续表

	意义	策划的要点	思路或案例
管理制度	建章立制 夯实基础	建立制度	报告编制前或编制实践过程中，完善编制体制机制，以正式制度形式对报告编制进行内容释义、流程固化和执行分工。如中国海油2017年初发布《可持续发展报告编制管理细则》

三、界定

（一）构建议题清单

议题清单的导入质量决定了企业是否能够以及在多大程度上能够识别出自身的重大性社会责任议题。因此，构建一个全面、科学、与时俱进的议题清单至关重要（见表 5-3）。议题清单的识别来源于企业对社会责任背景信息的分析，在构建议题清单的过程中，需要分析的信息类别和信息来源如表 5-4 所示。

表 5-3　议题清单的组成要求

	释义	控制点
全面	覆盖企业内外部利益相关方诉求和有影响力的社会责任政策、标准、倡议所要求的责任要素	广泛度
科学	以企业的行业、属性、发展阶段为基本立足点，纳入与企业自身社会责任活动相关的议题	精确度
与时俱进	紧跟国内外社会责任发展趋势以及经济社会发展的最新战略方向和现实需求	准确度

表 5-4　议题识别的环境扫描

信息类别	信息来源
宏观形势	重大国际共识，如推动和落实联合国可持续发展目标（SDGs）积极应对全球气候变化等 国家整体规划，如国民经济和社会发展第十三个五年规划 国家重大政策，如"四个全面"战略布局 相关部委推动的全局性重点工作，如扶贫办主导的精准扶贫、工信部主导的绿色制造、国资委主导的国企改革等 媒体关注和报道的国家改革发展过程中存在的突出矛盾和迫切需求，如资源环境约束、各类腐败问题等

续表

信息类别	信息来源
政策标准	社会责任国际主流标准，如 ISO26000、GRI Standards 等 社会责任国内主流标准，如中国社科院《中国企业社会责任报告指南 4.0》、国家标准委《社会责任指南（GB/T36000）》等 政府部门的社会责任政策要求，如国务院国资委《关于国有企业更好履行社会责任的指导意见》、中国保监会《关于保险业履行社会责任的指导意见》等 资本市场的社会责任政策要求，如香港联交所《环境、社会及管治报告指引》、沪深两市《关于进一步完善上市公司扶贫工作信息披露的通知》等 行业协会的社会责任倡议标准，如中国集团公司财务公司协会《社会责任公约》
利益相关方关注点	各职能部门日常工作中与利益相关方的沟通交流，如人力资源部与员工的沟通、采购部与供应商的沟通、GR 部门与政府的沟通等 专门的利益相关方沟通交流活动，如中国石化每年举办多期企业公众开放日 专门的利益相关方沟通交流会议，如专题性或综合性的圆桌会议 利益相关方调查，如企业社会责任报告开设的意见反馈专栏 与社会责任研究推进机构沟通交流，如与研究机构、行业协会等沟通，更加宏观和系统了解利益相关方对企业的诉求
企业经营管理实践	企业使命、愿景、价值观 企业中长期发展战略 企业社会责任专项发展战略 企业经营管理制度 企业通讯、报纸、刊物

案例：华润医药商业社会责任议题库构建

为提高社会责任实践的针对性和报告披露信息的回应性，华润医药商业通过分析国际和国内社会责任主流标准，并对医药行业多家企业的社会责任管理和实践进行对标，结合华润医药商业的发展战略和规划，梳理出华润医药商业履行社会责任议题，开展社会责任实质性议题分析问卷调查，分析比较不同议题对相关方影响和对公司发展的重要性，识别实质性议题。

（二）界定实质性议题

构建了社会责任议题清单后，企业可以通过"对企业可持续发展的重要性"和"对利益相关方的重要性"两个维度，对议题进行排序，界定出实质性议题，如图 5-3 所示。

判定议题对企业可持续发展的重要性以及对利益相关方的重要性，需要采取多种理论、工具和方法。要判断议题对利益相关方是否重要，需要股东、客户、合作伙伴、政府、员工、社区代表等利益相关方的参与。可以采取有针对性

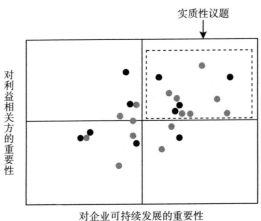

图 5-3　实质性议题筛选模型

的利益相关方访谈，也可大范围发放议题调查问卷，还可综合采取以上两种方式。要判断议题对企业可持续发展是否重要，可参考表 5-5 的原则标准。

表 5-5　议题对企业可持续发展的重要性判别标准

类别划分	判别标准	重要性
服从区	底线要求，企业必须要做的事，否则会影响企业生存	五星
选择区	对企业品牌有价值，但对企业核心业务的促进作用不明显	一至四星
结构区	对社会有价值，但对企业价值不明显	一至四星
战略区	极富社会公共价值，又能发挥企业专业优势，强化自我，形成壁垒	五星

　　在初步筛选出一定规模的实质性议题后，应征询内外部专家意见，并依照专家意见进行微调后，报送企业可持续发展领导机构审核批准。

　　在实质性议题得到企业可持续发展领导机构审批后，企业应对重大性议题进行应用和管理。在企业社会责任报告中，集中重点披露重大性议题的界定过程和企业在重大性社会责任议题方面的管理、实践和绩效，并对议题进行定期更新升级。

案例：华润医药商业实质性议题评估

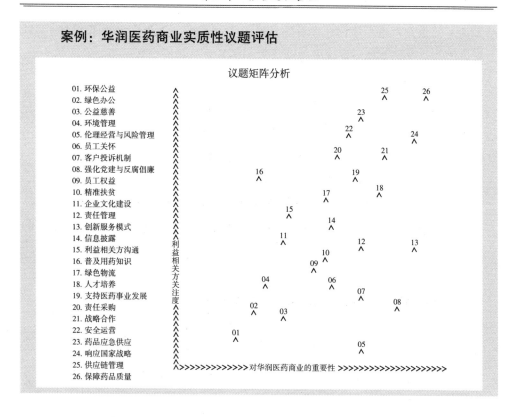

议题矩阵分析

01. 环保公益
02. 绿色办公
03. 公益慈善
04. 环境管理
05. 伦理经营与风险管理
06. 员工关怀
07. 客户投诉机制
08. 强化党建与反腐倡廉
09. 员工权益
10. 精准扶贫
11. 企业文化建设
12. 责任管理
13. 创新服务模式
14. 信息披露
15. 利益相关方沟通
16. 普及用药知识
17. 绿色物流
18. 人才培养
19. 支持医药事业发展
20. 责任采购
21. 战略合作
22. 安全运营
23. 药品应急供应
24. 响应国家战略
25. 供应链管理
26. 保障药品质量

利益相关方关注度

对华润医药商业的重要性

四、启动

（一）召开启动会

启动会是社会责任报告编制的重要环节和仪式，需要企业高层领导出席，报告编制工作组全体成员参加。启动会主要完成两项工作，即能力培训和工作部署。

1. 能力培训

在启动会上对全体人员进行培训。对于初次编写报告的企业，或是社会责任工作联络人以新接手员工为主的企业，重点培训什么是社会责任和社会责任报告，为什么要履行社会责任和发布社会责任报告，如何履行社会责任和编制社会责任报告等。对于连续多年编写报告的企业，或是社会责任工作联络人以有经验员工为主的企业，重点培训社会责任发展的宏观形势，企业社会责任理论与实践最新进展，热点社会环境议题发展现状等，普及并不断深化其对社会责任的认识。

2. 工作部署

在启动会上，企业要做详细工作部署。主要包括：

第一，高层领导就企业履行社会责任和社会责任报告编制相关工作的重要性阐明立场，并明确工作的质量目标，统一思想。

第二，牵头部门就社会责任报告编制思路和框架进行解读。

第三，牵头部门就社会责任报告编制所需的各类素材要求进行说明和分工。

第四，牵头部门就社会责任报告编制的时间进度进行说明，并明确关键时间节点。

案例：中国交通建设集团 2016 年报告启动会

2017 年 1 月 24 日，中国交通建设集团在总部召开 2016 年社会责任报告启动会。会议由时任党委工作部副总经理查长苗主持，董事会办公室、办公厅、人力资源部、财务资金部、战略发展部、运营管理部、科学技术部、监察部、安全质量环保监督部、审计部、法律部、信息化管理部、金融管理部、物资采购管理中心、港航疏浚事业部、路桥轨道交通事业部、装备制造海洋重工事业部、投资事业部、海外事业部等职能部门部长及负责人和中交房地产、中国港湾、中国路桥等下属企业负责人出席。启动会首先由党委工作部就企业履行社会责任和社会责任报告编制相关工作的重要性阐明立场，并明确工作的质量目标，统一思想。随后牵头部门下发社会责任报告制思路和框架，并现场对与会人员进行解读和答疑，明确关键时间点。随后，中国交通建设集团还邀请中国社科院经济学部企业社会责任研究中心专家对职能部门下属企业负责人进行了社会责任培训，提升集团社会责任认知。

（二）签发启动通知

随着社会责任报告编制工作的推进，一些领先的企业已经形成了稳定的团队、成熟的制度流程和高效的信息报送方法，通过现场会部署工作的必要性不再突出。与此同时，企业通过例行的内外部社会责任培训，建立了能力建设的有效机制。通过现场会进行能力培训的必要性也不再突出。因此，一些企业开始采用"签发启动通知"的方式来启动年度社会责任报告编制工作。通知要素包括总体要求、组织及前期准备工作、编写内容要求、发布与传播要求、设计和咨询辅导等。

案例：华润集团关于编写《华润（集团）有限公司 2015 年版社会责任报告》的通知

华润集团在撰写《华润（集团）有限公司 2015 年版社会责任报告》前向集团各部室、战略业务单元、一级利润中心下发函文，对报告总体要求、前期准备、内容、传播、设计方面进行通知，启动当年度社会责任报告编制工作。

**关于组织编写 2015 年版
社会责任报告有关事项的函**

集团各部室、战略业务单元、一级利润中心：

编制社会责任报告，是普及社会责任知识，提高认识，推进社会责任管理和践行的重要抓手，为进一步通过报告编制工作，全面提升社会责任能力，集团决定在总结上年编制经验的基础上，继续开展 2015 年华润社会责任报告的编制工作。现将有关要求说明如下（工作排期见附件一）。

一、总体要求

2015 年华润集团社会责任报告由集团、战略业务单元、一级利润中心共同编制，分主报告、独立报告和简版报告三种形式。

主报告由集团负责编制，独立报告、简版报告由集团直属企业负责编制，编制单位自行发布出版。

独立报告编制单位包括，集团在香港上市公司、华润医药所属上市公司，以及华润万家、华润啤酒、华润怡宝三空行业领先企业。需根据社会责任报告规范体例和要求进行编制，发布时间与上市公司年报发布时间同步。

五、研究

（一）研究内容

社会责任报告是规范、专业、展现企业价值的沟通工具，在报告撰写前，企业必须围绕"规范性""专业性"和"价值性"进行基础研究，运用大量报告撰写所必需的素材和方法，才能够提升报告编写的质量和效率。研究的内容包括：

1. 指标体系

社会责任报告必须符合相关标准的规范性要求。企业可从权威性、针对性和操作性三个维度综合选择确定自身参考的报告编写标准。然后对报告参考标准中的具体指标进行研究，并围绕指标准备素材。具备条件的企业，可以研发企业自身的社会责任报告指标体系，将指标固化、内化。指标研发遵循以下原则：

（1）综合采用国内外权威标准的指标内容；

（2）与企业已有的经营管理指标尽量结合；

（3）围绕主要业务板块策划企业特色指标；

（4）区分定性指标和定量指标，短期指标和长期指标；

（5）数量适中，每个指标都能有对应部门落地实施。

2. 工作亮点

工作亮点即企业在报告期内社会责任管理和实践领域的创新做法、突出成绩及典型案例，是企业经济、社会和环境价值的集中承载，是报告中需要着重突出的内容，梳理、总结和挖掘年度工作亮点意义重大。它涵盖责任管理、本质责任、市场责任、社会责任和环境责任等方方面面。梳理工作亮点秉承以下原则：

（1）全人类共同关注和致力于解决的；

（2）符合国家战略且取得成绩的；

（3）有重大创新，引领行业甚至世界的；

（4）有重大突破，显著弥补过往短板的；

（5）形成了特色、体系和模式的；

（6）具有高度社会、环境价值的。

3. 报告技巧

研究和采用丰富的报告编制技巧，能够显著提升社会责任报告出彩的概率。企业在编制报告过程中需要重点把握的编制技巧包括：

（1）如何体现报告的前瞻性与引领性；

（2）如何（建模）体现报告的理论性与系统性；

（3）如何确定报告主题，并使主题成为主线；

（4）如何搭建报告体例，并使体例成为暗线；

（5）如何处理"简明扼要"与"生动表达"之间的关系；

（6）如何处理"共性"与"个性"的关系；

（7）如何处理"传承"与"创新"的关系；

（8）如果处理"国际化"与"本土化"的关系；

（9）如何提升报告的交互性；

（10）如何与众不同。

（二）研究方法

为全面深入了解指标、亮点工作和报告技巧，企业可综合采用文献分析、调研访谈和对标研究方法。其中，文献分析主要对应指标和亮点工作研究；调研访谈主要对应亮点工作研究；对标研究主要对应报告技巧研究。

1. 文献分析

研究报告指标时，参考文献主要包括：社会责任国际主流标准、社会责任国内主流标准、政府部门和资本市场的社会责任政策要求、行业协会的社会责任倡议标准、其他研究机构的标准、企业自身经营管理指标等。

研究工作亮点时，参考文献主要包括：

（1）董事长、总经理年度重大会议讲话（如半年工作会、年度工作会）；

（2）职能部室年度工作总结；

（3）下属单位年度工作总结；

（4）专题简报（如安全生产、节能减排、精准扶贫等）；

（5）报纸、刊物；

（6）企业杂志及其他内部出版物；

（7）重要影像资料（如企业宣传片）；

（8）其他。

2. 调研访谈

从报告编制的角度看，调研访谈的主要目的是挖掘企业年度社会责任工作亮点。除此之外，牵头部门也可利用调研访谈的机会，向被调研、被访谈单位和对象进行社会责任理念宣贯和社会责任工作意见征求等。调研访谈的对象包括企业高层领导、职能部室、下属单位和利益相关方。调研访谈纲要如表5-6所示。

表 5-6　企业社会责任报告编制调研访谈纲要

对象	纲要
高层领导	社会责任面临的机遇和挑战 社会责任理念、愿景 社会责任战略和目标 社会责任重点工作 社会责任报告的定位和要求
职能部室和下属单位	年度主要工作进展 相关责任议题实践情况 社会责任典型案例 对社会责任工作的意见建议 对社会责任报告的意见建议
利益相关方	相关方基本情况介绍 与之相关的企业社会责任实践具体情况 对企业社会责任工作的评价 对企业社会责任工作的期待 对企业社会责任报告的意见和建议

3. 对标研究

对标是社会科学中经常采用的研究方法。对标研究的关键在于，确定与谁对标及对标什么，即选取对标对象和对标维度。社会责任报告对标的维度主要参考报告技巧的研究内容，如报告主题选取、框架搭建、体例设计、表达方式等。除此之外，企业在对标报告写作技巧的过程中，也可就相关企业的社会责任管理情况进行对标，为提升企业社会责任管理水平奠定基础。选取对标对象原则如下：

（1）社会责任工作领先企业，如中国社会责任发展指数领先企业、入选 DJSI 企业等；

（2）社会责任报告获奖企业，如社科院五星级报告、CRRA 获奖报告企业等；

（3）行业中影响力大的企业，如行业中规模前 5 的企业；

（4）国内与国外企业兼顾，适度侧重国外企业；

（5）行业内与行业外企业兼顾，适度侧重行业内企业；

（6）对标对象在精不在多，深度对标的企业数量控制在 10 家左右为宜。

六、撰写

（一）确定撰写方式

根据社会责任发展的不同阶段和实际情况，企业可以采取两种报告撰写方式，即核心团队撰写（牵头部门 + 外部专家）和部门分工撰写，具体如表 5-7 所示。

表 5-7　报告撰写方式

类别	释义	适合企业	关键要素	优点
核心团队撰写	以社会责任牵头部门和外部专家组成的核心团队为主，撰写社会责任报告。职能部室和下属单位负责提供素材和审核内容	起步期企业	深度挖掘素材精准语言表述	降低风险提高效率
部门分工撰写	以职能部室为主，按职能条线分工撰写社会责任报告。核心团队规定编制要求、制定版位表、开展培训和汇总统稿。下属单位向集团各职能部室分别提供相关素材支撑并审核内容	成熟期企业	稳定的人员精确的版位表高质量的培训强有力的管控	完善机制形成合力培育文化

（二）明确撰写流程

社会责任报告从初稿撰写到文字定稿，是多次修改完善的结果。从过程上看，包括素材搜集、报告分工、初稿撰写、初稿研讨、素材补充、修改完善、报告统稿、部门会审、修改完善、领导审核、修改完善、文字定稿。

（三）搜集撰写素材

充足、有针对性的素材是报告质量的保证。企业在收集报告编写素材时可采用但不限于下发资料收集清单和开展研究。资料清单的要点如下：

（1）针对不同部门和单位制作针对性清单；

（2）内容包括定量数据、定性描述（制度、举措）、优秀案例、利益相关方评价、照片和影像等；

（3）填报要求要清楚、翔实，如数据要规定年限，定性描述要规定描述的维度和字数；

（4）优秀案例要规定案例的撰写要素和字数，图片要规定大小等；

（5）有明确的填报时间要求；

（6）明确答疑人员及其联系方式。

资料清单模板：××公司社会责任报告数据、资料需求清单

填报单位：

人力资源部填报人：

审核人：

一、填报说明

二、数据指标

编号	指标	2014 年	2015 年	2016 年	备注
1	员工总数（人）				
2	劳动合同签订率（%）				
……	……				

三、文字材料

1. 公平雇佣的理念、制度及措施

2. 员工培训管理体系

3. ……

四、图片及视频资料

1. 员工培训的图片

2. 文体活动图片

3. ……

五、贵部门认为能够体现我公司社会责任工作的其他材料、数据及图片

......

六、案例样章

......

七、发布

(一) 选择发布时间

为确保社会责任报告的时效性，原则上一般在每年的 6 月 30 日前发布上一年度社会责任报告，但没有强制要求。另外，资本市场对上市公司社会责任报告发布时间有一定要求，如上海证券交易所要求上市公司与年报同步发布社会责任报告，香港联合交易所要求上市公司在年报发布 3 个月内发布社会责任报告。除此之外，企业可根据自身需要，灵活选择社会责任报告发布时间。发布时间结合公司重大纪念日或全球、国家的主题节日能够产生较为广泛的社会影响。

(二) 确定发布方式

当前，社会责任报告最主要的发布方式有两种：一是挂网发布；二是召开发布会。同时，企业还可根据需要进行重点发布，如表 5-8 所示。

表 5-8　社会责任报告发布方式

类别	释义	优点	缺点
挂网发布	将定稿的电子版报告上传企业官网或以官微推送，供利益相关方下载阅读。这是报告最常见的发布形式	成本低 难度小	影响小
召开发布会	可分为专项发布会和嵌入式发布会。专项发布会即专门为发布报告筹备会议，邀请嘉宾和媒体参与；嵌入式发布会即将报告发布作为其他活动，如企业半年工作会、企业开放日等的一个环节	影响大	成本较高 工作量较大

续表

类别	释义	优点	缺点
重点发布	对于重要的利益相关方（高度关注企业或企业高度关注），将社会责任报告印刷版直接递送或将社会责任报告电子版或网站链接通过邮件推送	影响精准	需跟其他方式组合发布

（三）策划发布会

企业必须对发布会进行精心策划，才能达到理想的效果。通常包括嘉宾策划、材料策划、宣传策划、设计策划、会务策划等，如表 5-9 所示。

表 5-9　发布会考虑要素

类别	释义
嘉宾	企业内外 VIP 嘉宾邀请、参会嘉宾邀请等
材料	议程、邀请函、领导讲话稿、主持词、流程 PPT、现场展示材料等
宣传	媒体邀请、预热稿、新闻通稿、后期系列宣传稿等
设计	主视觉、现场展板、KT 板、易拉宝等
会务	场地、礼仪、物料、餐饮、小礼品等

案例：国家开发投资公司 2016 企业社会责任报告发布会

2017 年 6 月 22 日，国家开发投资公司在京正式发布 2016 企业社会责任报告，并推出国投首部社会责任专题片，举办首个央企社会责任专题展。发布会上，王会生董事长发表讲话，国务院国资委综合局副局长曹学云到会并讲话，中国社会科学院工业经济研究所所长、中国企业社会责任报告评级专家委员会副主席黄群慧代表第三方发言。冯士栋总裁代表公司正式发布《企业社会责任报告》，阳晓辉副总裁主持报告发布会。

中国石化、中国电子、中国华能、中国电建等企业代表出席会议。新华社、光明日报、经济日报、中央人民广播电台、国资报告、企业观察报、人民网、新华网等 21 家媒体记者应邀出席发布会。国投公司领导，总师、总助，各部门（中心）、子公司及在京成员企业主要负责人参加发布会。

八、总结

（一）准备复盘材料

对报告编制的全过程进行回顾，对报告预设目标的达成情况进行评估，对内容和形式上的创新与不足进行总结。既是报告编制流程管理的必要环节，也是循环提升报告编制质量的有效方式。复盘材料应包括但不限于以下内容：

（1）报告编制全流程工作回顾；

（2）报告的主要创新点；

（3）报告取得的成绩；

（4）报告编制存在的不足（包括流程控制、沟通协调、内容形式、沟通传播等）；

（5）下一年报告编制工作的初步设想；

（6）下一年社会责任整体工作的初步设想。

（二）召开复盘会议

复盘材料准备完毕后，择机召开报告复盘会。在组织复盘会时应注意考虑以下因素：

（1）复盘会时间：原则上为报告发布 1 个月内；

（2）复盘会参与人员：核心团队（牵头部门＋外部专家）必须参加，高层领导原则参加；

（3）工作组其他人员（职能部室、下属单位、利益相关方）建议参加；

（4）复盘会形式：工作负责人主题发言＋参会人员充分讨论；

（5）复盘会结果：形成会议总结和工作决议。

（三）反馈复盘结果

在召开报告编制复盘会后，企业应向外部利益相关方、内部相关职能部室和下属单位进行反馈。反馈的主要形式包括但不限于会议、邮件、通讯等。反馈的内容主要是本次报告对内外部利益相关方期望的回应、报告编制工作的得失和未来社会责任报告编制及社会责任整体工作的行动计划。

第六章　报告价值管理

近年来，关于社会责任报告的价值，学术界与企业界进行了诸多探讨和梳理。较易被人们所接受的观点是：社会责任报告可以起到"内质外形"，即"内强管理""外塑形象"的作用。中国社科院企业社会责任研究中心也曾归纳企业社会责任报告的六大工具性价值，即：传播企业品牌形象的工具、塑造与传播企业文化的工具、实施目标管理的工具、管理企业风险的工具、传递外部知识的工具、与利益相关方沟通的工具。由此可见，对于社会责任报告的价值问题，社会关注由来已久，且已形成基本共识。

遗憾的是，长期以来社会责任报告的价值只是一个逻辑自洽的理论推导。虽然在概念上为人们所接受，但报告究竟是如何发挥价值的，该如何更好地发挥报告的价值却一直鲜有深入研究。因此，企业在实践的过程中，没有系统指引，只能艰难探索，而取得的成效也千差万别：发挥了报告价值的企业，以报告为牵引，实现了管理和品牌的双提升，社会责任工作的系统性、创新性不断增强，已进入了"内生驱动""协调发展"的新阶段；没有发挥社会责任报告价值的企业，报告失去了生命力，或勉强维持，或干脆终止，社会责任工作陷入了没有抓手，也没有成效和亮点的境地。

社会责任报告的价值就是其"有用性"，它是企业编制社会责任报告的出发点和落脚点，是社会责任报告的"生命力"所在。支持编制社会责任报告的企业，驱动力各不相同；不支持编制社会责任报告的企业，原因只有一个——认为报告没有价值或是价值不明显。"报告天然有价值，但并不自然发挥价值"。梳理报告的价值，并通过开展系统的价值管理最大程度地发挥报告的价值，是《指南4.0》的重要内容和突破，如图6-1所示。

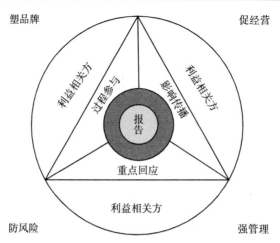

图 6-1　企业社会责任报告价值管理模型

一、价值生态

（一）价值类型

综合当前社会各界对社会责任报告的价值研究及社会责任发展的最新趋势和特点，社会责任报告的价值归纳起来可以分成四类，即"防风险"价值、"强管理"价值、"促经营"价值和"塑品牌"价值。

（1）"防风险"指通过编制和发布社会责任报告，满足政府、行业协会、资本市场、研究机构、社会组织、新闻媒体等利益相关方对于企业信息披露的强制、半强制或倡导性要求，避免"合规风险"和"声誉风险"。

（2）"强管理"指通过编制和发布社会责任报告，在全流程工作推进过程中提升责任管理水平（"以编促管"）；同时，在宣贯理念、发现短板、解决问题过程中强化基础管理水平，进而促进企业持续、健康发展。

（3）"促经营"指通过编制和发布社会责任报告，一方面为资本市场的研究、评级机构提供充分信息，获得资本市场好评，提升投融资能力和效率；另一方面，通过对重点项目、重点产品社会环境影响的梳理，提升其影响力。

（4）"塑品牌"指通过编制和发布社会责任报告，传递企业社会责任理念、愿景、价值观以及履责行为和绩效，展现企业负责任形象，提升品牌美誉度。

（二）价值机制

社会责任报告回应了谁、影响了谁、改变了谁是讨论社会责任报告价值的基础。社会责任报告的价值可以通过重点回应、过程参与和影响传播三个方式实现。

（1）重点回应：社会责任报告有两个鲜明属性。第一，是企业社会责任管理的重要抓手，被理解为企业关注和开展社会责任工作的象征性"动作"；第二，是企业披露社会环境信息，与利益相关方沟通的重要工具和载体。随着社会责任运动的持续推动，政府部门、资本市场、行业协会等强势利益相关方推动企业履行社会责任、披露社会环境信息，发布社会责任报告，可以有效回应这些要求。

（2）过程参与：参与是社会责任的题中之义。如社会责任报告流程管理章节所述，在编制社会责任报告的过程中，有8个重要环节。让各种类型的利益相关方在适当的环节参与社会责任报告编制过程，能够实现以报告"为表"，以社会责任管理与实践"为里"的沟通交流，让利益相关方更加了解企业、理解企业和支持企业。

（3）影响传播：从技术上讲，企业需要重点回应的利益相关方和能够参与到社会责任报告编制流程的利益相关方只占少数。面对广大的社会公众群体，只有畅通报告的到达渠道，提升报告的可及性、趣味性和交互性，才能让更多的利益相关方知晓企业的经营管理情况和社会责任履行情况，最大程度地"润物细无声"。

（三）价值媒介

社会责任报告是内容和过程的载体。社会责任报告要发挥其价值，必须以利益相关方为媒介。在社会责任领域，利益相关方指受企业经营影响或可以影响企业经营的组织或个人。企业的利益相关方通常包括投资者、顾客、合作伙伴、政府、员工、社区、NGO、媒体等。广义上讲，这些也是社会责任报告的主要利益相关方。

由于利益相关方较多，企业无论通过哪种方式来发挥社会责任报告价值，都应该首先按照主动沟通意向和被动沟通频率进行关键利益相关方识别：

对企业具有"高意向高频率""中意向高频率""高意向中频率"和"中意向中

频率"的利益相关方，企业在重点回应、过程参与和影响传播时应重点关注；

对企业具有"高意向低频率"和"低意向高频率"的利益相关方，企业在重点回应、过程参与和影响传播时争取给予关注；

对其他利益相关方，企业重点做好后端的影响传播工作，如图 6-2 所示。

图 6-2　利益相关方筛选原则

从社会责任报告的实际出发，报告的利益相关方可划分为内部利益相关方和外部利益相关方。根据其与社会责任报告联系的紧密程度（重要性），内部利益相关方依次包括主要领导、职能部门及下属企业社会责任联络人、普通员工；外部利益相关方依次包括社会责任监管部门、社会责任专业机构及专家学者和社会公众。

二、重点回应

重点回应是指针对社会责任工作的政策制定者、理论研究者、舆论引导者等强势利益相关方，将编制社会责任报告的意愿、过程或结果与之进行专门交流，回应其要求。

（一）回应政府部门

政府部门的大力推动是中国企业社会责任快速发展的重要原因，也是现阶段中国企业社会责任发展的重要特征。当前，国务院国资委、工业和信息化部、环境保护部、国家工商总局、国务院扶贫办、中国银监会、中国保监会等政府部门都出台了有关企业社会责任的政策规定和相关指引，在广义社会责任或其专门领域对企业提出明确要求。

报告对政府部门的重点回应可从以下方面开展：

（1）以积极的态度推进社会责任报告编制和发布工作，彰显责任担当。

（2）参照相关部门出台的社会责任政策、指引和规定。

（3）就相关部门主管的、全社会广泛关注的、企业积极践行的重要社会责任议题（如精准扶贫、生态文明、"一带一路"倡议等）进行重点阐述或发布专项报告。

（二）回应资本市场

2006 年，深圳证券交易所发布《深圳证券交易所上市公司社会责任指引》。2008 年，上海证券交易所发布《关于加强上市公司社会责任承担工作暨发布〈上海证券交易所上市公司环境信息披露指引〉的通知》对 A 股上市公司履行社会责任和披露社会环境信息提出要求。2015 年，香港证券交易所发布《环境、社会及管治报告指引》，将社会责任信息披露要求提升为"不披露就解释"。2016 年 12 月，上海证券交易所发布《关于进一步完善上市公司扶贫工作信息披露的通知》，进一步发挥上市公司在服务国家脱贫攻坚战略中的作用，完善上市公司扶贫相关信息披露。经过 10 年酝酿发展，近年来，社会责任投资（SRI）在我国取得重大突破。中国证监会、中国上市公司协会、中国证券投资基金业协会等机构研究论证了 ESG 投资与企业长期收益之间的正相关关系，并开始针对性研究制定机构投资者 ESG 投资指引和上市公司社会责任信息披露要求。2017 年 6 月，A 股闯关 MSCI 指数成功，我国上市公司社会责任信息披露的重要性进一步提升。而在海外上市的中国企业，已经并将继续面临更加严格的社会责任及信息披露要求。

报告对资本市场的重点回应可从以下方面开展：

（1）按照资本市场主管部门要求，主动发布社会责任报告。

（2）根据证券交易所的要求，按时编制发布社会责任报告。

（3）按照资本市场相关标准和指引，规范披露社会、环境信息。

（4）接受资本市场相关主体对社会责任报告披露信息的质询。

（三）回应行业协会

行业协会对企业社会责任的推动是当前我国企业社会责任发展的另一个重要的动力和特征。中国工业经济联合会、中国银行业协会、中国汽车工业协会、中国纺织工业联合会、中国煤炭工业协会、中国建材联合会、中国通信企业协会、中国旅游饭店业协会、中国林产工业协会、中国期货业协会等诸多行业协会在推动相关企业履行社会责任的过程中扮演了重要的角色，并取得重要成绩。

报告对行业协会的重点回应可从以下方面开展：

（1）支持和参与行业协会社会责任报告编制。

（2）按照行业协会社会责任标准和指引编制社会责任报告。

（3）参与行业协会社会责任报告相关的评级评价。

（4）参与行业社会责任报告相关的会议和论坛。

（5）参与行业协会社会责任报告集中发布。

（四）回应科研机构

近年来，全球范围内的社会责任运动也得到了学术界的广泛关注。当前，科研院所广泛设置社会责任研究机构、开设社会责任相关课程、发布社会责任研究成果，成为支撑我国企业社会责任发展的理论高地。比如中国社科院企业社会责任研究中心，自 2008 年成立以来，在社科院开设了 MBA 社会责任必修课，组织开展了"分享责任——公益讲堂"和"分享责任——首席责任官"培训；连续 9 年发布《企业社会责任蓝皮书》，成为国内外利益相关方了解中国企业社会责任发展现状的一扇窗口。

报告对科研机构的重点回应可从以下方面开展：

（1）按照科研机构的标准和指引编制社会责任报告；

（2）按照外部机构的意见和建议编制社会责任报告；

（3）参与科研机构社会责任报告评级评价；

（4）参与科研机构组织的社会责任报告相关会议和论坛；

（5）在科研机构的教育教学和培训活动中分享社会责任报告；

（6）与科研机构合作开展社会责任报告标准、指南的研发。

（五）回应新闻媒体

在互联网技术高速发展的今天，新闻媒体的推动和监督是企业社会责任发展的重要力量。如新华网、人民网、中国新闻社、南方周末、公益时报等主流媒体，每年会发布社会责任研究成果，召开社会责任峰会并评选社会责任先进个人、企业和项目等，数量多、规模大、影响广，是企业社会责任领域的重要参与者。

报告对新闻媒体的重点回应可从以下方面开展：

（1）邀请媒体参加社会责任报告发布会；

（2）参与新闻媒体组织的社会责任报告相关会议和论坛；

（3）与媒体联合主办社会责任报告交流活动。

三、过程参与

过程参与，是指在社会责任报告编制的全生命周期，通过多种方式，让利益相关方参与到报告编制的过程中，实现以报告"为表"，以社会责任工作"为里"的沟通交流。

（1）了解利益相关方期望，在社会责任报告中针对性回应；

（2）发挥利益相关方优势（智力、技术等），解决报告编写过程中的困难和挑战；

（3）传播企业社会责任理念、战略、文化，改变和提升利益相关方对企业的认识；

（4）沟通企业社会责任工作的困难和不足，征得利益相关方的谅解和支持；

（5）通过在报告编写过程中建立双方信任基础，影响利益相关方的观点和决策。

（一）内部参与

与社会责任报告相关的内部利益相关方包括高层领导、职能部门和下属单位的社会责任联络员以及普通员工。

1. 高层领导参与

企业社会责任被称为"一把手工程"，在编制社会责任报告的过程中，高层领导的参与十分重要。第一，高层领导的参与可以被理解为企业对社会责任报告编制的重视，便于社会责任部门在报告编制过程中更好地去整合各种资源，提升工作效率；第二，高层领导参与报告编制过程，通过与各利益相关方的交流，能够提升其对社会责任工作及社会责任报告编制重要性的认识程度，便于企业在经营管理的过程中给予社会责任更多的重视，从而实现社会责任的战略价值；第三，高层领导参与社会责任报告编制过程，能够发现企业在经营管理方面的缺失和不足，促使企业有针对性地加强在各个责任领域的管理，提升企业管理水平，从而达到"以报告促管理"的目的。

高层领导参与报告编制的途径主要包括：

（1）参加报告启动会及培训会；

（2）接受报告编写小组的访谈；

（3）填写利益相关方调查问卷；

（4）为报告撰写卷首语或致辞；

（5）审核报告并定稿；

（6）参与报告发布。

案例：中国海洋石油总公司高层参与社会责任工作

中海油在 2016 年可持续发展报告实质性议题界定环节，制作了《2016年可持续发展报告主题和社会责任议题备选方案》调查问卷，向各利益相关方征求意见。问卷调查过程中，中海油董事长杨华亲自参与填写问卷，勾选可持续发展报告主题、公司重要议题，并对问卷所列出的议题库进行补充，直接参与推动公司社会责任报告工作开展。

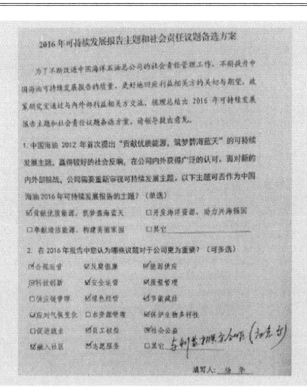

2. 社会责任联络人参与

社会责任报告撰写离不开各部门、下属单位的配合与支持。分散在各部门、下属单位的社会责任联络人，既可以提供报告编写所需的各类素材，确保报告内容的准确性；同时，他们参与到社会责任报告的编制工作中，也能够提升其社会责任认识和水平，成为企业内部的责任火种，为责任管理与实践的推动、责任文化的建设奠定重要基础。

社会责任联络人参与报告编制的途径主要包括：

（1）参加报告启动会及培训会；

（2）按照要求为社会责任报告提供素材；

（3）撰写社会责任报告的相关内容；

（4）填写利益相关方调查问卷；

（5）参与报告相关内容的网络投票；

（6）参与报告重大节点的讨论；

（7）参与报告发布；

（8）参与报告复盘；

（9）填写利益相关方调查问卷；

（10）参与报告相关内容的网络投票；

（11）参与报告发布；

（12）反馈报告意见。

3. 普通员工参与

广大企业员工是社会责任最庞大的内部利益相关方。以一定的方式调动他们参与社会责任报告的编制过程，既能提升企业内部对社会责任报告的认同度，又能真正培育负责任的企业文化，增强企业的责任凝聚力和自豪感。

普通员工参与报告编制的途径主要包括：

（1）填写利益相关方调查问卷；

（2）参与报告相关内容的网络投票；

（3）参与报告发布；

（4）反馈报告意见。

案例：中国松下社会责任报告内览会

《中国松下社会责任报告》是松下集团与利益相关方沟通的重要工具。为了让松下集团的员工了解集团上一年度在经济、社会和环境等各方面的履责情况以及报告书本身，并且能够更好地利用报告书与外界交流沟通，松下（中国）在每年报告书发布会后举办"中国松下社会责任报告内览会"。在"在华企业"集中的据点，采用开放式的会场，张贴展示重点内容的海报，与来到现场的员工进行充分的交流，并听取员工对于报告书的需求和意见建议。

（二）外部参与

与社会责任报告相关的外部重要利益相关方包括外部专家、社会责任监管部门和普通读者。

1. 外部专家参与

社会责任专家是社会责任的研究者和推动者。外部专家参与社会责任报告编制过程，能够有效提升社会责任报告的质量和社会责任报告编制工作的效率。社会责任专家对于社会责任报告的趋势和编制技巧有深入研究和丰富实践，能够为企业带来最新的外部知识。外部专家在开展社会责任研究和交流的过程中，可以把企业社会责任报告的亮点进行展示和传播，提升企业社会责任报告的影响力。

外部专家参与报告编制的途径主要包括：

（1）与企业组成联合项目组；

（2）担任报告顾问；

（3）接受报告编制组访谈；

（4）填写利益相关方调查问卷；

（5）参与报告研讨；

（6）参与报告发布；

（7）对报告进行点评。

案例：中国节能环保集团倾听社会责任专家声音

中国节能环保集团公司为更好地倾听社会责任专家声音，在《中国节能环保集团 2016 年社会责任报告》初稿完成后，邀请中国社科院企业社会责任研究中心主任钟宏武等权威专家对报告进行点评，征求修改意见，并根据反馈对报告进行进一步完善。

中国节能环保集团公司党委

关于征求对《中国节能环保集团公司 2016 年
社会责任报告》点评意见及修改建议的函

尊敬的 钟宏武主任：

打造"出资人放心、利益相关方信任、社会满意、员工幸福"的责任央企是中国节能环保集团公司的企业宗旨。为更好地倾听利益相关方与专家的声音，更好地加强社会责任管理，履行好我们的社会责任，现将《中国节能环保集团公司 2016 年社会责任报告》(征求意见稿，附件1) 呈上，征求您的意见和建议。

请您于 5 月 15 日 17:00 前将填好的《点评意见及修改建议反馈表》(附件2) 反馈至邮箱 (zhangyang@cecep.cn)。

联系人：章杨，联系电话：010-62248552

手机：13466791688，QQ：434946036

附件：1.《中国节能环保集团公司 2016 年社会责任报告》
(征求意见稿)

2. 社会责任监管部门参加

社会责任监管部门是政策和标准的制定者。在社会责任报告编制的过程中，尽可能邀请社会责任监管部门人员参加，可以起到重点沟通、精准影响的作用，进而显著提升社会责任报告的价值。

社会责任监管部门参与报告编制的途径主要包括：

（1）报告撰写过程中，邀请主管部门人员接受调研访谈；

（2）报告撰写过程中，邀请主管部门人员参与报告研讨；

（3）报告撰写完成后，邀请主管部门人员进行报告点评；

（4）报告撰写完成后，邀请主管部门人员参加报告发布会；

（5）报告撰写完成后，向主管部门寄送社会责任报告并汇报报告编制情况。

3. 普通读者参加

要摆脱社会责任报告"写谁谁看"和"谁写谁看"的窘境，让普通读者愿意读报告，让其参与报告编制过程是重要的途径。普通读者参与到报告的编制过程中，不仅能够提升报告回应社会环境问题的准确性，提升报告的影响力，也能够树立企业负责任的品牌形象，让社会公众更加了解和支持企业的经营发展。

普通读者参与报告编制的途径主要包括：

（1）填写利益相关方调查问卷；

（2）参与报告相关内容的投票；

（3）反馈报告意见；

（4）参与报告相关的策划活动。

（三）参与矩阵

表 6-1　全生命周期参与矩阵

	参与主体	参与方式
组织	高层领导 外部专家 牵头部门 社会责任联络人	成立联合工作组
策划	高层领导 外部专家 牵头部门	成立联合工作组 专题小组

续表

	参与主体	参与方式
界定	原则上全体利益相关方	问卷调查 意见征求会
启动	高层领导 外部专家 牵头部门 社会责任联络人	启动暨研讨会
研究	外部专家 牵头部门	成立联合工作组
撰写	高层领导 外部专家 牵头部门 职能部门 下属单位	问卷调查 调研访谈 意见征求会 研讨会
发布	原则上全体利益相关方	发布会

四、影响传播

社会责任报告编制完成后，让它尽量广泛地影响利益相关方，是发挥报告价值的重要手段。如何让报告为社会公众所了解，可以从形式和渠道两个维度着手。

（一）创新形式

创新形式指对传统的社会责任报告进行"二次开发"，将常规报告转化为更加容易阅读的形式，满足现代社会人们的阅读习惯和阅读偏好。

1.简版报告

在常规报告基础上，对各章节的重点、亮点内容进行筛选、组合与提炼，形成 10 页左右的精要内容，并进行重新设计、排版，让报告更加便携、易读。或是按照联合国全球契约的倡导，编制只披露社会责任年度工作进展的 COP 报告。

案例：中国石化可持续发展进展报告

为更好回应利益相关方需求，中国石化主动对报告编制进行创新，自 2012 年起发布年度可持续发展进展报告。可持续发展进展报告的内容包括：由公司高层管理人员发表的将继续支持全球契约的声明；对公司在执行全球契约十项原则时所采取的实际行动的描述以及对公司现有或预期成果的衡量。COP 报告侧重披露公司在报告期内的可持续发展工作进展，章节体例简练，易读易懂。

2. 图片报告

在传统报告基础上，按照"简版报告"的制作方式，对重点和亮点内容进行提炼，并按照"一张图"读懂的方式，对内容进行设计排版，形成图片报告。与简版报告相比，图片报告更为"简洁"，阅读性更好，但对文字提炼和设计排版的要求高。近年来，"一张图读懂报告"已经为很多企业所尝试，比如中国电子、三星（中国）等。

3. H5 报告

应用最新的第 5 代 HTML 技术，将传统的纸质报告或 PDF 报告转换成为适合通过手机微信展示、分享的报告，可以集文字、图片、音乐、视频、链接等多种形式于一体（见图 6-3）。随着数量的增多，提升 H5 页面的制作效果，增加互

图 6-3　H5 报告

动性和趣味性成为 H5 报告的新趋势。

4. 视频报告

视频报告是把社会责任的主要内容制作成以动画为主的视频形式。视频以清晰的脉络、生动的表达，在简短的时间内把企业履行社会责任的理念、管理、实践和绩效呈现在利益相关方面前，更具沟通性。视频报告使用环境灵活、沟通效果突出，已成为企业社会责任报告形式创新的重要方向。

5. 宣传文章

以报告为基本素材，组织和策划系列宣传文章，在传统媒体、新媒体和自媒体上进行投放，提升社会责任报告的影响力。

（二）增加交互

现代社会，人们被海量信息包围。一件事物要想吸引大众注意，必须具备两个条件：一是互动性，二是趣味性。归根到底，就是要提升交互性，社会责任报告也是如此。

1. 增强互动性

企业社会责任报告是一个综合信息载体。精准找到报告与每一类利益相关方的强关联性，就能有效激发相关方阅读报告的热情，进而提升社会责任报告的影响传播范围。

案例：内蒙古蒙牛乳业（集团）股份有限公司报告增强员工互动

H5 版本《蒙牛可持续发展报告 2016》，独创互动环节——"测测我的蒙牛 DNA"，读者在阅读完 H5 报告后进行简单答题，即可生成一个个人独有的"蒙牛 DNA"分析报告并可分享微信朋友圈。分析报告记录了员工的入职时间，并结合前卫的网络语言，总结了员工的性格特质。报告发布后，因为互动环节的设置，吸引了近 3 万名员工参与。

2. 增强趣味性

无论何种形式的报告，"好玩"都是公众愿意去阅读的重要前提。企业应该努力将社会责任报告与人们生活中喜闻乐见的事物相结合，让读者在愉悦的氛围下阅读报告。

案例：兵器工业集团将《兵器腾飞棋》与社会责任报告相融合

《报告》以"国防"和"科技"为主题，继续采用"1＋X"即主报告（公众版）＋分报告（专题报告）的联合发布方式。公众版主报告以"履行国家安全责任"为核心，聚焦珠海航展年度案例以及一张图读懂兵器"十三五"规划等专题案例，全面展示兵器工业集团在履行国家安全责任、经济责任、社会责任、环境责任等方面的主要履责亮点。科技版分报告按照"科技领先　创新未来"的理念，突出表现该公司在科技创新方面的主要成就与改革举措，并创意设计桌游《兵器腾飞棋》，通过寓教于乐的互动方式，让阅读者在轻松的氛围中走近兵器工业集团，提升沟通效果。

（三）拓展渠道

报告要影响到利益相关方，必须通过一定渠道。除了编写过程中经常使用的"报告专家意见征求会"和"报告发布会"等渠道外，拓展报告传播渠道的方式还有巧借平台、参与评级、建立网站、制作报告相关产品和在工作中使用报告等。

1. 巧借平台

借用不同平台发布社会责任报告是提升报告影响力的有效途径，包含以下方式：第一，借用内部平台，在企业重大活动中开辟专门环节发布社会责任报告。

如一些企业在半年工作会上发布报告，一些企业在公司纪念日活动上发布报告，等等。第二，借用外部平台，通过参与大型企业社会责任会议和论坛，多次发布企业社会责任报告。

案例：中国石化在百人论坛平台上发布《中国石化精准扶贫白皮书（2002~2016）》

2016年10月14日，中国石化在京举行发布仪式，正式对外发布《中国石化精准扶贫白皮书（2002~2016）》。随后在2016年10月30日，中国石化在由中国社科院经济学部企业社会责任研究中心指导、中国社会责任百人论坛主办、中星责任云社会责任机构承办的"首届中国社会责任百人论坛暨企业社会责任蓝皮书2016发布会"上对白皮书进行二次发布，来自国务院扶贫办、工信部、中国扶贫基金会、中国标准化研究院、国家开发投资公司、东风汽车公司等政府官员、专家学者和企业代表及主流媒体共计200余人参加会议，扩大了《中国石化精准扶贫白皮书（2002~2016）》的传播广度，进一步塑造了中国石化社会责任品牌。

2. 参与评级

当前，国内关于社会责任报告评级时间最长、专业性最高、影响力最大的是中国社科院企业社会责任研究中心自2010年以来组织开展的"中国企业社会责任报告评级"。目前评级已形成了评级报告、评级档案、评级证书、评级网站、报告白皮书五位一体的成果体系。在研究、交流、展示过程中对评级企业的社会责任报告进行系统传播。

3. 建立网站

以企业社会责任报告的框架、内容为蓝本，并辅之以不同形态的社会责任报告版本，建设社会责任报告专门网站，将线下报告线上化，拓展报告传播渠道，提升报告影响力。

案例：国家电投社会责任报告网页

2017年，国家电力投资集团在社会责任专栏下设置报告专题网页，整合放置了《2016企业社会责任报告》《核电产业可持续发展报告》《光伏产业可持续发展报告》以及多媒体主报告、多媒体核电报告和多媒体光伏报告。将报告分类型、分板块线上化，构建了年度报告的系统生态，便于读者快速阅读。

4. 制作报告相关产品

将报告内容巧妙附加在有使用价值的日常办公和交流材料如笔记本、U 盘上，以此提升社会责任报告的可及性和影响频次。

5. 在工作中使用报告

推动报告的使用。包括：第一，用社会责任报告替代部分企业宣传册的功能；第二，向各部门、下属单位发放社会责任报告，倡导其在对外交流合作中使用社会责任报告、传播负责任的企业形象；第三，在公共空间放置社会责任报告，供利益相关方取阅等。

第七章　报告质量标准

《指南 1.0》和《指南 2.0》时代，社会责任报告的重点聚焦在内容本身。对应地，报告的质量标准主要围绕报告内容展开，包括实质性、完整性、平衡性、可比性、可读性与创新性（六性）。《指南 3.0》开启了报告全生命周期管理时代，对报告的关注不再局限于内容，而是开始关注报告编制流程对社会责任管理工作的促进作用。倡导企业做实报告流程，以达到"以编促管"的目的。对应地，报告的质量标准增加了报告过程性（七性）。

随着社会责任报告实践的深入，《指南 4.0》提出了报告价值管理的主张，弥合了报告生态中最重要的一环，从而形成内容、流程和价值的综合指南。一本好的报告的标准也呼之欲出。那就是内容翔实、精准、坦诚，流程完整、扎实，价值得到最大程度发挥，最后在内容、流程和价值方面有某种程度的创新和突破。因此，《指南 4.0》提出了"四维"报告质量标准，即内容维度、流程维度、价值维度和创新维度。

由《指南 3.0》的"七性"到《指南 4.0》的"四维"，不仅是报告质量标准体系的优化和发展，更是对社会责任报告认识的深化。《指南 4.0》完整回答了为什么要编制社会责任报告（价值）、如何编制社会责任报告（流程）、编制什么样的社会责任报告（内容），而新的思想、新的尝试、新的突破是无论何时都需要的（创新）。由此，构成了一个逻辑清楚、层次分明的社会责任报告工作生态系统。

一、内容标准

（一）实质性

1. 定义

实质性是指报告披露企业可持续发展的关键议题以及企业运营对利益相关方的重大影响。利益相关方和企业管理者可根据实质性信息作出充分判断和决策，并采取可以影响企业绩效的行动。

2. 解读

企业社会责任议题的重要性和关键性受到企业经营特征的影响。具体来说，企业社会责任报告披露内容的实质性由企业所属行业、企业性质、经营环境和企业的关键利益相关方等决定。

3. 评估方式

内部视角：报告议题与企业经营战略的契合度。

外部视角：报告议题是否关注了重大社会环境问题；报告议题是否回应了利益相关方的关注点。

案例：华润医药商业注重报告实质性

《华润医药商业集团有限公司 2018 社会责任报告》系统披露了药品质量管理、医药服务创新、保障药品供应、安全生产、责任采购、节约能源资源、减少"三废"排放等所在行业关键性议题，叙述详细充分，具有卓越的实质性表现。

（二）完整性

1. 定义

完整性是指社会责任报告所涉及的内容较全面地反映了企业对经济、社会和环境的重大影响，利益相关方可以根据社会责任报告知晓企业在报告期间履行社会责任的理念、制度、措施以及绩效。

2. 解读

完整性从两个方面对企业社会责任报告的内容进行考察：一是责任领域的完整性，即是否涵盖了责任管理、经济责任、社会责任和环境责任；二是披露方式的完整性，即是否包含了履行社会责任的理念、制度、措施及绩效。

3. 评估方式

（1）标准分析：是否满足了《中国企业社会责任报告指南（CASS–CSR 4.0）》等标准的披露要求；

（2）内部运营重点：是否与企业战略和内部运营重点领域相吻合；

（3）外部相关方关注点：是否回应了利益相关方的期望。

> **案例：华润医药商业披露了指南 88.51% 的核心指标**
>
> 《华润医药商业集团有限公司 2018 社会责任报告》从"大局谋智迎医改""求真创新惠民生""聚力凝心共繁荣""使命无声护健康""美好家园话和谐"等角度系统披露了所在行业核心指标的 88.51%，具有卓越的完整性表现。

（三）平衡性

1. 定义

平衡性是指企业社会责任报告应中肯、客观地披露企业在报告期内的正面信息和负面信息，以确保利益相关方可以对企业的整体业绩进行准确的评价。

2. 解读

平衡性要求是为了避免企业在编写报告的过程中对企业的经济、社会、环境消极影响或损害的故意性遗漏，影响利益相关方对企业社会责任实践与绩效的判断。

3. 评估方式

考察企业在社会责任报告中是否披露了实质性的负面信息。如果企业社会报告未披露任何负面信息，或者社会已知晓的重大负面信息在社会责任报告中未进行披露和回应，则违背了平衡性原则。

> **案例：华润医药商业重视负面信息披露**
>
> 华润医药商业披露了"重大违法违规处罚数""员工流失率""重大负面舆情处理数""员工伤亡人数""一般及以上环境突发事件数"等负面数据信息，并详细描述"华润江苏医药业务员投诉药品运输人员"的起因、经过及整改结果。

（四）可比性

1. 定义

可比性是指报告对信息的披露应有助于利益相关方对企业的责任表现进行分析和比较。

2. 解读

可比性体现在两个方面：纵向可比与横向可比，即企业在披露相关责任议题的绩效水平时既要披露企业历史绩效，又要披露同行绩效。

3. 评估方式

考察企业是否披露了连续数年的历史数据和行业数据。

> **案例：华润医药商业 2018 社会责任报告披露了 69 个可比性指标**
>
> 《华润医药商业集团有限公司 2018 社会责任报告》披露了"净资产收益率""成本费用利润率""反腐倡廉培训次数""劳动合同签订率""人均带薪休假天数""开展公益活动次数""EHS 总投资""综合能源消耗量""年度新鲜水用水量"等 69 个关键指标连续 3 年的对比数据；并就"全国医药商业企业经营规模前三位""2018 医药物流行业十佳年度企业"进行横向比较，可比性表现卓越。

（五）可读性

1. 定义

可读性指报告的信息披露方式易于读者理解和接受。

2. 解读

企业社会责任报告的可读性体现在以下方面：

（1）结构清晰，条理清楚；

（2）语言流畅、简洁、通俗易懂；

（3）通过流程图、数据表、图片等使表达形式更加直观；

（4）对术语、缩略词等专业词汇做出解释；

（5）方便阅读的排版设计。

3. 评估方式

从报告篇章结构、排版设计、语言、图表等各个方面对报告的通俗易懂性进行评价。

案例：华润医药商业报告可读性优秀

《华润医药商业集团有限公司 2018 社会责任报告》以"再出发"为主题，系统阐述了企业对客户、伙伴、员工、环境、社会等利益相关方的履责实践，结构清晰，重点突出；开篇"华润八十 润 YAO 有你"责任特辑，以数说、图说、众说的形式系统回顾企业年度履责历程，全方位呈现企业在关键议题上的履责成效，便于相关方快速把握重点内容，提升了报告的悦读性；章节跨页选用特色业务场景的实景照片，呼应章节主题，整体风格简约清新，提升了报告的辨识度；多处嵌入二维码对内容进行延伸解读，增强了报告的易读性和沟通性，可读性表现卓越。

二、流程标准

（一）组织

1. 定义

组织就是指为完成社会责任报告的编制工作，相互协作结合而成的团体。

2. 解读

组织是社会责任报告编写的保证，是社会责任报告编制工作的起点，贯穿于报告编写的全部流程。强有力的组织，不仅能够保证报告编制工作的高效开展，也能够有效支撑和促进企业社会责任管理工作的进行。

3. 评估方式

表 7-1　评估方式（一）

组织	1	成立报告编制工作组
	2	高层领导参与、领导和统筹报告编制
	3	职能部门和所属单位参与、配合报告编制
	4	外部专家参与、指导报告编制
	5	工作组有完善的运作机制

（二）策划

1. 定义

策划是为了最大程度地做好报告编制及其相关工作，遵循一定的方法或者规则，对未来即将发生的事情进行系统、周密、科学的预测并制订科学的、可行的方案。

2. 解读

策划是系统的设计，对社会责任报告而言，首先要明确编制社会责任报告的主要目标，进而对报告编制工作进行近期和远期、形式与内容、主题与框架、创新与传承、单项工作和建章立制等方面的系统计划。

3. 评估方式

表 7-2　评估方式（二）

策划	1	清晰定位报告功能与价值
	2	就报告内容、形式和体系等做中长期计划
	3	制定报告的主题和框架
	4	明确报告的创新点
	5	制定报告管理制度与流程

（三）界定

1. 定义

界定是指对企业社会责任报告披露的关键议题，按照一定的方法和流程进行确定。

2. 解读

实质性是企业社会责任报告内容标准的要求，如何确保报告内容的实质性，需要企业在社会责任报告编制的过程中进行实质性议题的界定。明确企业的核心社会责任议题，不仅能够用于社会责任的编制，也是企业开展社会责任管理与实践的重要基础。

3. 评估方式

表7-3 评估方式（三）

界定	1	开展广泛的社会责任环境扫描
	2	构建科学、全面、与时俱进的议题清单
	3	就责任议题与利益相关方进行日常或专项沟通
	4	科学识别实质性议题
	5	建立实质性议题应用和管理机制

（四）启动

1. 定义

启动是指年度社会责任报告编制工作的开始，报告启动意味着编制工作进入了正式环节。

2. 解读

报告启动是报告编制工作过程中的标志性事件。启动会的召开是为了达到统一思想、聚合资源、了解形势、分配任务、解答疑难的目的。高质量的启动会能够保证报告编制各个环节的质量和效率。

3. 评估方式

表 7-4　评估方式（四）

启动	1	召开报告编制启动会
	2	就社会责任报告理论、实践、趋势等进行培训
	3	讲解报告编制思路和推进计划
	4	建立信息化工作协同平台

（五）研究

1. 定义

研究是指主动寻求社会责任报告的根本性特征与更高可靠性依据，从而为提高报告编制的可靠性和稳健性而做的工作。

2. 解读

工欲善其事，必先利其器。在报告动笔前，开展系统的研究，对企业年度社会责任素材、国内外优秀企业社会责任报告、国内外最新社会责任标准和倡议进行研究，并开展调研征求公司领导、职能部室、下属单位对报告的意见，可以最大化开拓报告思路，夯实报告的内容。

3. 评估方式

表 7-5　评估方式（五）

研究	1	消化吸收存量资料
	2	对标国内外优秀报告
	3	对高层领导进行访谈
	4	开展部门、所属单位访谈和调研

（六）撰写

1. 定位

撰写即是按照社会责任报告的内容原则、质量原则，结合前期的组织、策划、界定、启动、研究工作的结果，开展社会责任报告主体内容的写作。

2. 解读

撰写是一项系统工程，包括素材搜集、报告分工、初稿撰写、初稿研讨、素材补充、修改完善、报告统稿、部门会审、修改完善、领导审核、修改完善、文字定稿等，是社会责任报告编制工作的主体。

3. 评估方式

表 7-6　评估方式（六）

撰写	1	明确撰写方式
	2	确定撰写流程
	3	制作和下发材料搜集清单

（七）发布

1. 定义

发布是指社会责任报告等通过报纸、书刊、网络或者公众演讲等文字和演讲的形式公之于众，向外界传输企业履责信息的过程。

2. 解读

报告发布是利益相关方获取报告信息的关键环节，发布的方式和渠道多种多样。企业发布质量的高低直接决定社会责任报告能够发挥价值的程度。

3. 评估方式

表 7-7　评估方式（七）

发布	1	召开报告专家意见征求会
	2	召开报告专项发布会
	3	召开嵌入式报告发布会
	4	申请报告第三方评价、评级
	5	多渠道使用报告

（八）总结

1. 定义

总结是指社会责任报告告一段落或全部完成后进行回顾检查、分析评价，从而肯定成绩、得到经验、找出差距、得出教训和一些规律性认识的重要环节。

2. 解读

报告总结是社会责任报告闭环管理的最后一环，对报告进行总结，不仅能够系统回顾当年报告编制过程中的得失，也能够为未来报告编制统一认识，寻找改进点。

3. 评估方式

表 7-8　评估方式（八）

总结	1	报告发布后，召开复盘会
	2	广泛征求利益相关方对报告的意见

三、价值标准

（一）回应性

1. 定义

回应性指社会责任报告在全面扫描企业社会责任履责环境的基础上，有针对性地将社会责任报告的编制、发布和应用与满足强势机构对企业履行社会责任的要求结合起来，为企业履行社会责任及经营发展争取最大的政策红利与声誉价值。

2. 解读

随着企业社会责任的发展，政府部门、行业协会、资本市场、科研机构、新闻媒体等利益相关方在社会责任的政策制定、研究推动、监管要求、评选评价等方面开展了越来越多的行动，也提出了越来越多的要求。企业通过发布社会责任报告来针对性地回应和满足这些要求，是企业社会责任报告最基本，也是最重要的价值所在。

3. 评估方式

（1）报告是否回应了重要的社会责任（监管）政策要求；

（2）报告是否回应了重要的社会责任标准和倡议；

（3）报告是否回应了重要的社会责任评选评价的要求。

案例：中国交建回应《社会、环境和管治报告指引》

2015 年 7 月 17 日，香港联合交易所发布了针对《环境、社会及管治报告指引》（《主板上市规则》附录二十七，"ESG"）的建议修订的咨询文件。

ESG 于 2016 年 1 月 1 日或之后开始的财年正式生效，企业须每年披露环境、社会及管治资料，有关资料所涵盖的期间须与其年报内容涵盖的时间相同。中国交通建设集团作为在香港联合交易所上市的公司，积极响应港交所规定，在企业社会责任报告结尾附针对 ESG 的指标索引，满足 ESG 披露要求。

	ESG 要求		对应报告位置
A1 排放物	一般披露	有关废气及温室气体排放、水及土地的排污、有害及无害废弃物的产生等的： (a) 政策； (b) 遵守发行人有重大影响的相关法律及规例的资料	P48
	A1.1	排放物种类及相关排放数据	P40-50，P73
	A1.2	温室气体总排放量（以吨计算）及（如适用）密度（如以每产量单位、每项设施计算）	P49-50，P73
	A1.3	所产生有害废弃物总量（以吨计算）及（如适用）密度（如以每产量单位、每项设施计算）	P49，P51
	A1.4	所产生无害废弃物总量（以吨计算）及（如适用）密度（如以每产量单位、每项设施计算）	P40-50
	A1.5	描述减少排放量的措施及所得成果	P51
	A1.6	描述处理有害及无害废弃物的方法、减少产生量的措施及所得成果	P49-51
A2 资源使用	一般披露	有效使用资源（包括能源、水及其他原材料）的政策	P48
	A2.1	按类型划分的直接及/或间接能源（如电、气或油）总耗量（以千克千瓦时计算）及密度（如以每产量单位、每项设施计算）	P73
	A2.2	总耗水量及密度（如以每产量单位、每项设施计算）	中国交建用水情况分为直接用水和间接用水。直接用水包括地下水取水、河流水取水等情况，项目所在地发展不均衡，计量统计难度大；间接用水暂时未建立总水耗量的统计渠道；2017 年起将通过改进用水设备逐步实现直接用水及间接用水量的统计和管理

（二）参与性

1. 定义

参与性指企业社会责任报告在编制的流程中，通过设置恰当的环节，让利益相关方参与到报告的编制过程中。

2. 解读

让利益相关方参与报告的编制，是发挥报告编制价值的重要途径。企业应选择核心利益相关方，在适当的范围内参与到报告的编制中，深入沟通、精准影响，发挥过程价值。

3. 评估方式

（1）企业高层领导参与到报告的编制过程；

（2）职能部室和下属单位参与到报告编制的过程；

（3）普通员工参与到报告编制的过程；

（4）召开报告专家意见征求会；

（5）申请报告第三方评价、评级；

（6）政府、媒体、客户、合作伙伴、社区代表等参与到报告编制过程。

案例：佳能（中国）创新报告发布，提升利益相关方参与度

佳能（中国）于 2017 年 8 月 30 日在北京金宝大厦举行了 2017 年企业社会责任工作沟通会，沟通会上同时发布了《佳能（中国）企业社会责任报告 2016~2017》。工信部政策法规司副巡视员郭秀明、中国外商投资企业协会副会长李玲等政府领导和行业协会、企业社会责任领域专家、企业代表等出席会议。

报告发布会上，佳能（中国）有限公司董事长兼首席执行官小泽秀树亲自致辞。随后 7 位佳能（中国）员工分别从客户、经销商、环境、员工、公益等角度向利益相关方全面展示佳能（中国）的社会责任理念和履责实践。与会嘉宾还近距离体验了佳能在智慧教育、安心城市和健康生活三个领域的产品和解决方案。整场沟通会以社会责任报告发布为契机，有效促进政府关系和公众关系发展，增进利益相关方沟通，加大传播力度，提升佳能（中国）品牌形象。

（三）传播性

1. 定义

传播性是指社会报告信息的传递和运行。

2. 解读

让报告所承载的社会责任信息为更多的利益相关方所感知，从而知晓企业、了解企业、理解企业进而支持企业，是报告发挥价值的另外一个重要途径。让社会责任报告以更加通畅的渠道、更加新颖的形式呈现给更多利益相关方，是报告价值最大化的必然要求。

3. 评估方式

（1）对报告进行二次开发，编制简版报告、H5版报告、视频版报告等；

（2）召开报告专项发布会或嵌入式发布会；

（3）在大型活动平台上二次发布报告；

（4）结合报告发布策划系列宣传文章和主题活动；

（5）参与报告相关的会议、论坛、调研等相关活动；

（6）策划和推广报告主题产品；

（7）制作报告专门网站；

（8）多渠道使用报告。

案例：华润集团全方位传播方式

华润（集团）有限公司2015年社会责任报告完成后，除了将定稿的电子版报告上传企业官网和以官微推送，供利益相关方下载阅读外，还进行了全方位的宣传发布活动。

（1）制作了2015年社会责任报告的简版报告。梳理履责亮点，提炼关键数据，制作成简版口袋书形式，便于携带和传播。

（2）用报告封面设计制作了卡式U盘，U盘内预拷贝社会责任报告，以礼品形式赠送发布。

（3）在香港部分纸媒上进行了投放宣传。

（4）在《指南4.0》启动会上进行了二次发布演讲。

通过多种形式，有效加大宣传覆盖面，提升宣传质量。

四、创新标准

1. 定义

创新是指企业社会责任报告在各个维度事项上的突破点。

2. 解读

社会责任报告的创新主要体现在三个方面：报告内容、形式的创新，报告流程的创新和报告价值的创新。创新不是目的，通过创新提高报告质量才是根本。

3. 评估方式

将报告内容、形式、流程、价值上与国内外社会责任报告以及企业往期社会责任报告进行对比，判断其有无创新，以及创新是否提高了报告质量。

案例：华润医药商业社会责任报告注重创新

《华润医药商业集团有限公司 2018 社会责任报告》设置"倾尽全力　致敬改革开放 40 周年"责任专题，展示企业助力国家医药事业蓬勃发展的行动，彰显了企业贯彻宏观政策的责任引领；设置"健康扶贫　火炬点亮了什么"特色专题，呈现企业发挥业务优势扶贫济困，助力健康中国 2030 战略落地生根的责任足迹，彰显了企业的责任担当；多处嵌入第三方证言，佐证企业履责成效，强化了报告编制的公信力；计划编修《中国企业社会责任报告指南（CASS–CSR 4.0）之医药流通业》，利于进一步增强企业责任管理水平和推动行业可持续发展，具有卓越的创新性表现。

第八章　善用资源，服务建设

一、公司简介

华润医药商业集团有限公司是华润医药集团全资的大型医药流通企业，华润集团一级利润中心。前身为北京医药股份有限公司，2012 年正式更名为华润医药商业集团有限公司。

公司主要从事医药商品营销、物流配送以及提供医药供应链解决方案服务，主要经营西药制剂、化学原料药、中成药、中药饮片、医疗器械、医用耗材、生物制品、营养保健品等。公司是首批通过国家 GSP 认证的药品经营企业之一，具有各类药品和医疗器械的进出口资质、医药三方物流经营资质。公司与国内外近万家医药生产企业保持着长期稳定的合作关系，建有以北京为中心覆盖全国 31 个省市的营销网络，主要服务于全国各级医疗机构、医药商业批发企业和零售药店。

公司以信息化支撑全部业务流程和管理，建有全国首家现代医药物流配送中心、全国药品流通行业的第一家恒温恒湿冷库，并拥有自主知识产权的仓储管理系统（WMS），实行集团化现代物流管理，为近万家上游供货商及超过 9 万家下游客户提供高度专业化且高效的医药商品物流配送、营销推广以及其他创新增值服务。医院物流智能一体化增值服务（Hospital Logistics Intelligence，HLI）将专业化的医药物流管理体系延伸到医院，提供一个更高效、便捷、低成本的管理解决方案。依托中国第九大零售药店网络及多个全国性及地区性知名零售品牌，采取高值药品直送服务模式（Direct to Patient，DTP）使知名跨国医药公司的高端特药产品直接服务于消费者。

2018 年集团主营业务收入 1320.54 亿元，经营规模居全国医药商业企业前三位。

二、履责历程

1950 年，成立北京市第一家医药公司，是公司的履责原点。在 69 年的发展历程中，行业特点和公司基因决定尽最大努力保障百姓用药安全，是公司的初心与使命。

1960 年 2 月 3 日，大年初七下午，位于北京王府井的北京特种药品商店（北京市医药公司下属商店）接到来自山西运城的紧急救援电话，有 61 个农民工发生中毒事件，急需 1000 支解毒药品。接到这个电话后，商店几乎所有员工立刻投入应急工作中。仅 8 小时之后，药品被空投至事故现场，61 个农民工得救。这个惊心动魄的应急救援故事得到包括中国青年报在内的多家媒体关注，根据事件采写的《为了六十一个阶级弟兄》还登上了中学语文课本，成为近半个世纪几代中国人的集体记忆。

1976 年，唐山大地震，余震未止，公司送药车已经赶赴灾区；1987 年，为抢救 49 名误食亚硝酸中毒的民工和儿童，连续奋战 13 个小时，挽救宝贵生命。

2003 年，受北京市委、市政府委托，承担了大量的医药物资保障供应任务，为抗击非典，公司为百姓提供了 130 多万副平价中成药、100 多万套防护服和数百万台医疗设备。

2006 年，响应北京市医疗卫生"政府集中采购、统一配送、零差率销售"改革，承担起 18 个区县中 15 个社区的药品配送，为保障基层百姓用药贡献力量。

2008 年，作为北京奥运会、残奥会唯一指定药品耗材配送服务商，做到"零差率、零事故、零投诉"，圆满完成配送任务。

从抗美援朝到送药下乡，从 61 个阶级弟兄到唐山大地震，从大兴安岭火灾到汶川特大地震救援，从抗击非典到密云彩虹桥踩踏事件急救，从北京奥运会到社区送药上门……每一次重大救援背后，都有华润医药商业人默默奉献的身影。

2010 年，公司并入华润体系，除了将服务创新、管理提升融入日常企业经营活动，也继续把履责作为发展的必备一环。

为客户提供更多元的定制化服务、为伙伴打通更便捷高效的经营通道、满足消费者的差异化需求、为员工营造良好的工作氛围、为社区环境等贡献企业的力量。

2016 年，"十三五"起步之年，公司迎来新的机构调整，与华润医药集团两个总部分离，恢复成为华润集团一级利润中心。随即，公司开始正式对外独立发布社会责任报告。

2018 年，公司首次推出社会责任品牌项目，让社会公众看到，公司在新疆，驱车 400 千米，把药品送进一个个偏远村庄；在山东，8 年守护 10 位留守老人的安慰晚年；在辽宁，10 年开设爱心服务站，尽力为来到药店的人提供帮助；在河南，18 年如一日储备急救药品，挽救 200 多条生命；在全国各地，我们都在为生命营造绿色通道，不惜代价保障药品安全。

三、责任管理

（一）确立战略规划

华润医药商业社会责任工作与企业文化协同发展，始终秉承华润集团"诚实守信、业绩导向、以人为本、创新发展"的核心价值观和"务实、专业、协同、奉献"的企业精神，结合医药行业企业的社会角色和职责担当，明确以"拓展医药保健事业空间，提高生命健康保障"为崇高使命，致力于做行业的引领者，为全人类健康事业做出贡献。

2016 年是华润医药商业的社会责任元年，因组织架构调整，公司正式独立开展社会责任工作。开展之初，结合业务发展和以往社会责任工作情况，制定了《华润医药商业 2016 下半年至 2017 年社会责任行动计划》，依照公司"十三五"战略，梳理社会责任工作，匹配和分解到各业务内容、各对应部室，确保企业社会责任工作在第一年过渡期平稳启动，并服务于企业整体发展战略。

此后，社会责任工作落实在公司年度商业计划，并通过规划、实施、总结、反馈、迭代对全公司本项工作进行闭环管理。以华润集团整体"以编写促管理、以管理促践行、以践行促融合"的路径，逐步提升社会责任工作水平。

（二）明确组织治理

华润医药商业不断完善组织管理，加强社会责任工作的领导、协调和融合。公司于 2016 年 7 月设立企业文化与社会责任指导委员会，由华润医药商业董事长任委员会主任，华润医药商业管理层其他成员和已通过认证验收的下属省级公司主要负责人担任委员，委员会日常工作机构设在华润医药商业办公室，并在总部各部室、各省级公司、各直管利润中心组建社会责任工作联络人队伍，整体协同开展社会责任相关工作。如图 8-1 所示。

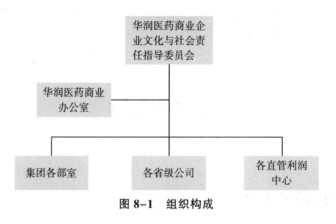

图 8-1　组织构成

企业文化与社会责任指导委员会主要职责：

（1）对公司企业文化和社会责任战略方向进行决策、领导和推进；

（2）审批企业文化和社会责任工作规划与年度计划；

（3）部署开展华润医药商业集团企业文化与社会责任工作；

（4）管控重大社会责任风险。

2016 年，公司制定了《华润医药商业集团有限公司社会责任工作管理办法》，明确了工作原则、职责分工、工作流程等。2017 年，又经过具体实践、上级单位的制度指引，重新修订制度，完善华润医药商业社会责任工作管理关键绩效体系，包括诚信责任、经济责任、员工责任、客户责任、伙伴责任、环境责任、公共责任七个方面。

（三）加强责任培训与学习

自社会责任专项工作推行以来，公司高度重视多样化培训。每年社会责任报告启动会，都会邀请社会责任专家对员工进行报告的相应培训，为各负责本项工作的责任官提供理念、标准、趋势等的最新知识；并在培训中详解社会责任报告指标，进一步明确指标对应的责任部室、各利润中心提报素材的规范要求以及整体工作进度安排表等内容，全方位保证报告编制的有效进程。

此外，通过参与业内的峰会、论坛、研讨、分享，了解外部社会责任领域的关注动向；通过实地调研和交流讨论，学习优秀企业的先进经验与实践成果。

（四）注重传播沟通

高度重视社会责任的内外部沟通与交流，不断健全社会责任沟通机制，拓展与利益相关方的沟通方式，积极倾听相关方的声音、了解相关方诉求，并据此做出实质性回应。如表8-1所示。

表8-1 传播沟通

利益相关方	对公司的期望	我们的回应
政府	合法经营	遵守国家法律法规
	依法纳税	依法足额纳税
	吸纳就业	带动社会就业
员工	保障员工权益	保障基本权益，实施民主管理
	职业发展	加强培训，完善职业发展通道
	员工关爱	关爱员工身心健康
客户	安全运营	保障生产运营的安全
	优质服务	为客户提供优质的服务
合作伙伴	诚信合作	坚持诚信经营
	互利共赢	与合作伙伴搭建战略合作机制
	价值链责任	带动供应链合作伙伴履行社会责任
环境	环境管理	遵守国家环境法律法规
	绿色运营	绿色采购、绿色办公
	绿色宣教	推进环保理念在企业内外的宣贯和落实
社区	加强沟通	发布社会责任报告
	社会贡献	开展公益活动

此外，公司积极通过微信公众号、官网、行业智库、内外部会议、公众开放等多渠道对外传播社会责任报告及相应工作成果。

四、报告管理

（一）组织

华润医药商业健全社会责任组织机构，成立企业文化与社会责任指导委员会，由办公室牵头，总部各业务单元、各部室和各省级公司、直管利润中心设责任官，共同成立报告的编写小组，组织开展报告编制工作。并且在报告编制中，引入社会责任研究领域专业、权威力量，与中星责任云社会责任机构合作，提升社会责任报告的专业化编制水平。

（二）界定

华润医药商业主动识别利益相关方，分享企业的社会责任理念与实践活动，回应相关方关切。在社会责任报告编制过程中，开展社会责任工作问卷调查，设计问卷与上下游客户、员工、政府部门、消费者等利益相关方进行沟通，分析比较不同社会责任议题对相关方的影响和对公司自身发展的重要性，识别关注度高的实质性议题；同时就关键议题，对相应的业务单元和部室负责人进行访谈，既让负责人了解相关方诉求，又直面重要议题有效披露。

（三）启动

每年华润医药商业都会组织编写小组开展社会责任报告编制启动会，编写小组成员、主要负责领导等共同参与，采用线下与视频相结合的方式对年度社会责任报告编制、修订、设计、发布、应用进行安排部署。并且在启动会上，邀请专家进行培训及答疑等。

（四）编写

社会责任报告的编制工作制定了科学、紧凑的工作日程表，包括对标分析、实质性议题分析、队伍组建等前期筹备，制定框架和指标清单、召开培训会、启动会、资料收集、报告撰写、设计、审核、评级等主要编写流程。前期准备 1 个月，编制历时 3 个月，设计排版 2 个月，每步工作严格按计划执行，按时、按质完成相应内容，也形成了一套科学、高效、可复制、可调节的编制流程。

（五）发布

华润医药商业每年社会责任报告都在 6 月底之前正式发布。发布方式包括微信公众号、H5 互动、官网挂网、开展发布会、嵌入重大活动联合发布，并且参与中国社会责任百人论坛每年的社会责任报告集中发布仪式。

发布后，社会责任报告也将作为公司业务对接、品牌宣传等重要材料之一。

五、报告评级

《华润医药商业集团有限公司 2018 社会责任报告》评级报告

受华润医药商业集团有限公司委托，"中国企业社会责任报告评级专家委员会"抽选专家组成评级小组，对《华润医药商业集团有限公司 2018 社会责任报告》（以下简称《报告》）进行评级。

一、评级依据

中国社会科学院《中国企业社会责任报告指南（CASS–CSR 4.0)》暨"中国企业社会责任报告评级专家委员会"《中国企业社会责任报告评级标准(2019)》。

二、评级过程

1. 评级小组审核确认《报告》编写组提交的《企业社会责任报告过程性资料确认书》及相关证明材料；

2. 评级小组对《报告》编写过程及内容进行评价，拟定评级报告；

3. 评级专家委员会副主席、评级小组组长、评级小组专家共同签审评级报告。

三、评级结论

过程性（★★★★★）

成立企业文化与社会责任指导委员会，集团办公室牵头组建报告编写组，委员会把控整体方向及关键节点，并负责报告最终审定；企业将报告定位为合规信息披露、完善社会责任管理体系、提升企业品牌美誉度的重要工具，功能与价值定位明确；结合公司发展战略、行业对标分析、利益相关方访谈、问卷调查等方式识别实质性议题；计划通过嵌入式发布会发布报告，并将以电子版、印刷品等形式呈现报告，具有卓越的过程性表现。

实质性（★★★★★）

《报告》系统披露了药品质量管理、医药服务创新、保障药品供应、安全生产、责任采购、节约能源资源、减少"三废"排放等所在行业关键性议题，叙述详细充分，具有卓越的实质性表现。

完整性（★★★★☆）

《报告》主体内容从"大局谋智迎医改""求真创新惠民生""聚力凝心共繁荣""使命无声护健康""美好家园话和谐"等角度系统披露了所在行业核心指标的88.51%，具有卓越的完整性表现。

平衡性（★★★★★）

《报告》披露了"重大违法违规处罚数""员工流失率""重大负面舆情处理数""员工伤亡人数""一般及以上环境突发事件数"等负面数据信息，并详细描述"华润江苏医药业务员投诉药品运输人员"的起因、经过及整改结果，平衡性表现卓越。

可比性（★★★★★）

《报告》披露了"净资产收益率""成本费用利润率""反腐倡廉培训次数""劳动合同签订率""人均带薪休假天数""开展公益活动次数""EHS 总投资""综合能源消耗量""年度新鲜水用水量"等 69 个关键指标连续 3 年的对比数据；并就"全国医药商业企业经营规模前三位""2018 医药物流行业十佳

年度企业"进行横向比较，可比性表现卓越。

可读性（★★★★★）

《报告》以"再出发"为主题，系统阐述了企业对客户、伙伴、员工、环境、社会等利益相关方的履责实践，结构清晰，重点突出；开篇"华润八十 润YAO有你"责任特辑，以数说、图说、众说的形式系统回顾企业年度履责历程，全方位呈现企业在关键议题上的履责成效，便于相关方快速把握重点内容，提升了报告的悦读性；章节跨页选用特色业务场景的实景照片，呼应章节主题，整体风格简约清新，提升了报告的辨识度；多处嵌入二维码对内容进行延伸解读，增强了报告的易读性和沟通性，可读性表现卓越。

创新性（★★★★★）

《报告》设置"倾尽全力 致敬改革开放40周年"责任专题，展示企业助力国家医药事业蓬勃发展的行动，彰显了企业贯彻宏观政策的责任引领；设置"健康扶贫 火炬点亮了什么"特色专题，呈现企业发挥业务优势扶贫济困，助力健康中国2030战略落地生根的责任足迹，彰显了企业的责任担当；多处嵌入第三方证言，佐证企业履责成效，强化了报告编制的公信力；计划编修《中国企业社会责任报告指南4.0之医药流通业》，利于进一步增强企业责任管理水平和推动行业可持续发展，具有卓越的创新性表现。

综合评级（★★★★★）

经评级小组评价，《华润医药商业集团有限公司2018社会责任报告》为五星级，是一份卓越的企业社会责任报告。

华润医药商业社会责任报告连续第二年获得五星级评价

四、改进建议

1. 增加行业核心指标的披露，进一步提高报告的完整性；

2. 增强报告内容和设计的表现形式，进一步提升报告的创新性。

魏紫川

评级专家委员会副主席

邓国胜

评级小组组长　　　　评级小组专家

过程性评估员　　　　任姣姣

出具时间：2019 年 6 月 11 日

扫码查看企业评级档案

附　录

一、参编机构

（一）中国社会科学院经济学部企业社会责任研究中心

中国社会科学院经济学部企业社会责任研究中心（以下简称"中心"）成立于 2008 年 2 月，是中国社会科学院经济学部主管的研究机构。著名经济学家、国家金融与发展实验室主任、中国社科院经济学部主任李扬研究员任中心理事长，中国社科院工业经济研究所所长黄群慧研究员任中心常务副理事长，中国社科院社会发展战略研究院副研究员钟宏武博士任主任。中国社会科学院、国务院国资委、人力资源与社会保障部、中国企业联合会、人民大学、国内外大型企业的数十位专家、学者担任中心理事。

中心以"中国特色、世界一流"为目标，积极践行研究者、推进者和观察者的责任：

（1）研究者：中心积极开展中国企业社会责任问题的系统理论研究，研发颁布《中国企业社会责任报告编写指南（CASS-CSR 1.0/2.0/3.0/4.0)》，组织出版《中国企业社会责任》文库，促进中国特色的企业社会责任理论体系的形成和发展。

（2）推进者：为政府部门、社会团体和企业等各类组织提供咨询和建议；主办"中国企业社会责任研究基地"；开设中国社科院研究生院 MBA《企业社会责任》必修课，开展社会责任培训，传播社会责任理论知识与实践经验；组织、参加各种企业社会责任研讨交流活动，分享企业社会责任研究成果。

（3）观察者：每年出版《中国企业社会责任蓝皮书》，跟踪记录上一年度中国企业社会责任理论和实践的最新进展；持续发布《中国企业社会责任报告白皮书》，研究记录我国企业社会责任报告的阶段性特征；制定、发布、推动《中国企业社会责任报告评级》；组织分享责任—中国行/世界行调研活动。

研究业绩

【课题】

1. 国务院国资委：《中央企业社会责任蓝皮书》，《中央企业海外社会责任研究》，2017 年。

2. 国务院扶贫办：《促进企业参与精准扶贫机制研究》，2017 年。

3. 国家发改委：《"一带一路"与海外企业社会责任》，2015 年。

4. 工业和信息化部：《责任制造——以社会责任推动"中国制造 2025"》，2015 年。

5. 国务院国资委：《中央企业海外社会责任研究》，2014 年。

6. 国务院国资委：《中央企业社会责任优秀案例研究》，2014 年。

7. 国家食药监局：《中国食品药品行业社会责任信息披露机制研究》，2014 年。

8. 国土资源部：《矿山企业社会责任评价指标体系研究》，2014 年。

9. 中国保监会：《中国保险业社会责任白皮书》，2014 年。

10. 全国工商联：《中国民营企业社会责任研究报告》，2014 年。

11. 陕西省政府：《陕西省企业社会责任研究报告》，2014 年。

12. 国土资源部：《矿业企业社会责任报告制度研究》，2013 年。

13. 国务院国资委：《中央企业社会责任优秀案例研究》，2013 年。

14. 中国扶贫基金会：《中资海外企业社会责任研究》，2012~2013 年。

15. 北京市国资委：《北京市属国有企业社会责任研究》，2012 年 5~12 月。

16. 国资委研究局：《企业社会责任推进机制研究》，2010 年 1~12 月。

17. 国家科技支撑计划课题：《〈社会责任国际标准风险控制及企业社会责任评价技术研究〉任务》，2010 年 1~12 月。

18. 深交所：《上市公司社会责任信息披露》，2009 年 3~12 月。

19. 中国工业经济联合会：工信部制定《推进企业社会责任建设指导意见》前期研究成果，2009 年 10~12 月。

20. 中国社科院：《灾后重建与企业社会责任》，2008 年 8 月至 2009 年 8 月。

21. 中国社科院：《海外中资企业社会责任研究》，2007 年 6 月至 2008 年 6 月。

22. 国务院国资委：《中央企业社会责任理论研究》，2007 年 4~8 月。

【专著】

1.《中国企业应对气候变化自主贡献研究报告（2017)》，经济管理出版社 2017 年版。

2.《中资企业海外社会责任研究报告（2016–2017)》，社会科学文献出版社 2017 年版。

3.《中国企业扶贫研究报告（2016)》，社会科学文献出版社 2016 年版。

4.《中国企业公益研究报告（2016)》，社会科学文献出版社 2016 年版。

5.《中国企业社会责任年鉴》(2016)，经济管理出版社 2016 年版。

6.《中国企业社会责任研究报告（2016)》，社会科学文献出版社 2016 年版。

7.《上海上市公司社会责任研究报告（2016)》，经济管理出版社 2016 年版。

8.《汽车企业社会责任蓝皮书（2016)》，经济管理出版社 2016 年版。

9.《企业公益报告编写指南 3.0》，经济管理出版社 2016 年版。

10.《中国企业社会责任报告（2015)》，经济管理出版社 2015 年版。

11.《中国企业公益研究报告（2015)》，社会科学文献出版社 2015 年版。

12.《中国企业社会责任研究报告（2015)》，社会科学文献出版社 2015 年版。

13.《上海上市公司社会责任研究报告（2015)》，经济管理出版社 2015 年版。

14.《中国企业社会责任报告（2014)》，经济管理出版社 2015 年版。

15.《中国企业社会责任研究报告（2014)》，社会科学文献出版社 2015 年版。

16.《企业社会责任负面信息披露研究》，经济管理出版社 2015 年版。

17.《中国企业公益研究报告（2014)》，经济管理出版社 2015 年版。

18.《中国企业社会责任报告编写指南 3.0 之石油化工业指南》，经济管理出版社 2015 年版。

19.《中国企业社会责任报告白皮书（2013)》，经济管理出版社 2014 年版。

20.《中国企业社会责任研究报告（2013)》，社会科学文献出版社 2014 年版。

21.《中国企业社会责任报告编写指南 (CASS–CSR 3.0)》，经济管理出版社2014 年版。

22.《中国企业社会责任报告编写指南 3.0 之钢铁业指南》，经济管理出版社2014 年版。

23.《中国企业社会责任报告编写指南 3.0 之仓储业指南》，经济管理出版社2014 年版。

24.《中国企业社会责任报告编写指南 3.0 之电力生产业》，经济管理出版社2014 年版。

25.《中国企业社会责任报告编写指南之家电制造业》，经济管理出版社2014年版。

26.《中国企业社会责任报告编写指南之建筑业》，经济管理出版社2014 年版。

27.《中国企业社会责任报告编写指南之电信服务业》，经济管理出版社2014年版。

28.《中国企业社会责任报告编写指南之汽车制造业》，经济管理出版社2014年版。

29.《中国企业社会责任报告编写指南之煤炭采选业》，经济管理出版社2014年版。

30.《中国企业社会责任报告编写指南之一般采矿业》，经济管理出版社2014年版。

31.《中国企业社会责任案例》，经济管理出版社2014 年版。

32.《中国国际社会责任与中资企业角色》，中国社会科学出版社2013 年版。

33.《企业社会责任基础教材》，经济管理出版社2013 年版。

34.《中国可持续消费研究报告》，经济管理出版社2013 年版。

35.《中国企业社会责任研究报告 (2012)》，社会科学文献出版社2012 年版。

36.《中国企业社会责任报告白皮书 (2012)》，经济管理出版社2012 年版。

37.《中国企业社会责任研究报告 (2011)》，社会科学文献出版社2011 年版。

38.《中国企业社会责任报告编写指南 (CASS–CSR 2.0)》，经济管理出版社2011 年版。

39.《中国企业社会责任报告白皮书 (2011)》，经济管理出版社2011 年版。

40.《企业社会责任管理体系研究》，经济管理出版社2011 年版。

41.《分享责任——中国社会科学院研究生院 MBA "企业社会责任" 必修课讲义集 (2010)》，经济管理出版社 2011 年版。

42.《中国企业社会责任研究报告 (2010)》，社会科学文献出版社 2010 年版。

43.《政府与企业社会责任——国际经验和中国实践》，经济管理出版社 2010 年版。

44.《中国企业社会责任研究报告 (2009)》，社会科学文献出版社 2009 年版。

45.《中国企业社会责任报告编写指南 (CASS–CSR 1.0)》，经济管理出版社 2009 年版。

46.《中国企业社会责任发展指数报告 (2009)》，经济管理出版社 2009 年版。

47.《慈善捐赠与企业绩效》，经济管理出版社 2007 年版。

【论文】

在《经济研究》《中国工业经济》《人民日报》《光明日报》等刊物上发表论文数十篇。

【专访】

接受中央电视台、中央人民广播电台、人民网、新华网、光明网、凤凰卫视、法国 24 电视台等数十家媒体专访。

(二) 中星责任云 (北京) 管理顾问有限公司

责任云 (CSR Cloud) 坚持社会责任领域的研究、咨询、设计、传播、公关五环战略，为企业提供社会责任的一站式解决方案。机构拥有五大事业部、16 个项目部，上海分支机构以及 "创意云" 设计公司。机构拥有国内最早从事社会责任研究、咨询的专业团队，并与中国社会科学院、清华大学、中国人民大学、对外经贸大学等高校的研究团队建立了长期合作关系。

机构合作伙伴包括中国石化、华润集团、国投集团、中国电建、阿里巴巴、伊利集团、中国三星、松下集团等百余家世界 500 强企业。

二、支持单位

华润医药商业集团有限公司

三、参考资料

（一）国际社会责任标准与指南

1. 国际标准化组织（ISO）：《社会责任指南：ISO26000》，2010 年。

2. 全球报告倡议组织（Global Reporting Initiative，GRI）：《可持续发展报告指南（G4）》，2013 年。

3. 联合国全球契约组织：《全球契约十项原则》。

4. 国际审计与鉴证准则委员会：ISAE3000。

5. Accountability：AA1000 原则标准（AA1000APS）、AA1000 肾炎标准（AA1000AS）和 AA1000 利益相关方参与标准（AA1000SES）。

6. 国际综合报告委员会（IIRC）：整合报告框架（2013）。

（二）国家法律法规及政策文件

7.《中华人民共和国宪法》及各修正案。

8.《中华人民共和国公司法》。

9.《中华人民共和国劳动法》。

10.《中华人民共和国食品安全法》。

11.《食品工业"十二五"发展规划》。

12.《中国食物与营养发展纲要（2014~2020 年)》。

13. GB2760-2011《食品安全标准食品添加剂》。

14.《中华人民共和国劳动合同法》。

15.《中华人民共和国就业促进法》。

16.《中华人民共和国社会保险法》。

17.《中华人民共和国工会法》。

18.《中华人民共和国妇女权益保障法》。

19.《中华人民共和国未成年人保护法》。

20.《中华人民共和国残疾人保障法》。

21.《中华人民共和国安全生产法》。

22.《中华人民共和国职业病防治法》。

23.《中华人民共和国劳动争议调解仲裁法》。

24.《中华人民共和国环境保护法》。

25.《2014~2015 年节能减排低碳发展行动方案》。

26.《中华人民共和国水污染防治法》。

27.《中华人民共和国大气污染防治法》。

28.《中华人民共和国固体废物污染环境防治法》。

29.《中华人民共和国环境噪声污染防治法》。

30.《中华人民共和国环境影响评价法》。

31.《中华人民共和国节约能源法》。

32.《中华人民共和国循环经济促进法》。

33.《中华人民共和国产品质量法》。

34.《中华人民共和国消费者权益保护法》。

35.《中华人民共和国反不正当竞争法》。

36.《中华人民共和国科学技术进步法》。

37.《中华人民共和国反垄断法》。

38.《中华人民共和国专利法》。

39.《中华人民共和国商标法》。

40.《中共中央关于全面推进依法治国若干重大问题的决定》。

41.《集体合同规定》。

42.《禁止使用童工规定》。

43.《未成年工特殊保护规定》。

44.《女职工劳动保护特别规定》。

45.《残疾人就业条例》。

46.《关于企业实行不定时工作制和综合计算工时工作制的审批方法》。

47.《全国年节及纪念日放假办法》。

48.《国务院关于职工工作时间的规定》。

49.《最低工资规定》。

50.《生产安全事故报告和调查处理条例》。

51.《工伤保险条例》。

52.《关于禁止商业贿赂行为的暂行规定》。

53.《中央企业履行社会责任的指导意见》。

54.《中央企业"十二五"和谐发展战略实施纲要》。

55.《上海证券交易所上市公司环境信息披露指引》。

56.《深圳证券交易所上市公司社会责任指引》。

（三）企业社会责任研究文件

57. 中国社会科学院经济学部企业社会责任研究中心：《中国企业社会责任报告编写指南（CASS–CSR 2.0)》，2011 年。

58. 中国社会科学院经济学部企业社会责任研究中心：《中国企业社会责任报告评级标准 2013》，2013 年。

59. 中国社会科学院经济学部企业社会责任研究中心：《中国企业社会责任研究报告 2009/2010/2011/2012/2013》，社会科学文献出版社。

60. 中国社会科学院经济学部企业社会责任研究中心：《中国企业社会责任报告白皮书 2011/2012/2013》，经济管理出版社。

61. 中国社会科学院经济学部企业社会责任研究中心：《企业社会责任基础教材》，经济管理出版社，2013 年。

62. 彭华岗等：《企业社会责任管理体系研究》，经济管理出版社，2011 年。

63. 国家电网公司《企业社会责任指标体系研究》课题组：《企业社会责任指标体系研究》，2009 年 3 月。

64. 殷格非、李伟阳：《如何编制企业社会责任报告》，2008 年。

65. 李伟阳、肖红军、邓若娟：《企业社会责任管理模型》，经济管理出版社，2012 年。

（四）企业社会责任报告

66.《华润医药商业 2018 年社会责任报告》，2018 年。

67.《华润医药商业 2017 年社会责任报告》，2017 年。

68.《九州通 2018 年社会责任报告》，2018 年。

69.《上海医药 2018 年社会责任报告》，2018 年。

70.《国药集团 2018 年社会责任报告》，2018 年。

71.《国药集团 2014 年社会责任报告》，2014 年。

72.《石药集团 2018 社会责任报告》，2018 年。

73.《华润集团 2018 年社会责任报告》，2018 年。

74.《华润医药集团 2018 年社会责任报告》，2018 年。

75.《复星集团 2017 年度社会责任报告》，2017 年。

76.《中国铝业集团 2017 社会责任报告》，2017 年。

77.《中国冶金科工 2017 社会责任报告》，2017 年。

78.《中国交建 2016 年度社会责任报告》，2016 年。

79.《华为 2015 年社会责任报告》，2015 年。

80.《康德乐（Cardinal Health）2018 企业公民报告》，2018 年。

81.《麦克森（McKesson） 2018 企业社会责任报告》，2018 年。

82.《美源伯根（Amerisource Bergen）2018 企业公民报告》，2018 年。

83.《沃博联（Walgreens-Boots-Alliance）2018 企业社会责任报告》，2018 年。

后　记

　　2009 年 12 月，中国社科院经济学部企业社会责任研究中心发布了中国第一份企业社会责任报告本土编写指南——《中国企业社会责任报告编写指南（CASS-CSR 1.0）》（以下简称《指南 1.0》）。随着企业社会责任的持续发展，为了保持报告编写指南的生命力，指南更新升级一直在路上：2011 年 3 月发布《中国企业社会责任报告编写指南（CASS-CSR 2.0）》（以下简称《指南 2.0》），2014 年 1 月发布《中国企业社会责任报告编写指南（CASS-CSR 3.0）》（以下简称《指南 3.0》）。《指南 3.0》引导我国企业社会责任完成了从"报告内容"到"报告管理"的转变，截至 2016 年底，参考《指南 3.0》编写社会责任报告的企业数量已经接近 400 家。

　　近年来，联合国可持续发展目标（SDGs）、中国社会责任国家标准（GB/T36000）和香港联交所《环境、社会及管治（ESG）报告指引》等重要标准、倡议相继颁布实施。为提升编写指南的国际性、包容性和引领性，2016 年 7 月，《中国企业社会责任报告指南（CASS-CSR 4.0）》（以下简称《指南 4.0》）专家研讨会在中国社会科学院召开，20 余名权威专家参加了研讨会；2016 年 9 月，《指南 4.0》编制启动会在北京召开，来自政府、企业、NGO、科研单位等机构约 150 名代表出席了启动会；2017 年 9 月，《指南 4.0》专项调研组走进韩国现代汽车集团，历时一年多，《指南》成功升级到 4.0 版本。

　　作为《中国企业社会责任报告指南（CASS-CSR 4.0）》丛书的分行业指南，《中国企业社会责任报告指南 4.0 之医药流通行业》的编制历时大半年，期间，编写组多次与华润医药商业集团有限公司沟通访谈，征集意见和建议，并于 2019 年 8 月召开研讨会，邀请行业专家对本书内容及指标进行意见指导。本书是集体智慧的结晶，全书由李松涛等共同撰写，华润医药商业集团有限公司曾晨雨主导了第八章的写作。全书由钟宏武审阅、修改和定稿。

中国企业社会责任报告编写指南系列将不断修订、完善，希望各行各业的专家学者、读者朋友不吝赐教，共同推动我国企业社会责任更好、更快地发展。

课题组

2019 年 9 月